NOTICE

DES ESTAMPES

EXPOSÉES

À LA BIBLIOTHÈQUE DU ROI.

DE L'IMPRIMERIE DE LEBLANC.

NOTICE

DES ESTAMPES

EXPOSÉES

À LA BIBLIOTHÈQUE DU ROI;

CONTENANT DES RECHERCHES HISTORIQUES ET CRITIQUES
SUR CES ESTAMPES ET SUR LEURS AUTEURS ;

Précédée d'un Essai sur l'origine, l'accroissement et la
disposition méthodique du Cabinet des Estampes.

À PARIS,

Chez De Bure Frères, Libraires du Roi et de la
Bibliothèque, rue Serpente, n.° 7.

2.ᵉ ÉDIT.

1823.

À MONSIEUR JOLY,

CONSERVATEUR DE LA BIBLIOTHÈQUE DU ROI.

MONSIEUR,

L'ACCUEIL *favorable dont le Public a bien voulu honorer ma* Notice des Estampes expo-sées à la Bibliothèque du Roi, *m'enhardit à vous dédier cette seconde édition, comme un témoignage du respect et de la reconnaissance que je vous dois pour les encouragemens dont vous avez bien voulu m'aider pendant mes jeunes années.*

Souffrez, Monsieur, qu'à mon hommage pour vous, se joigne un souvenir respectueux pour la mémoire de Monsieur votre Père, Hugues-Adrien JOLY, *qui, pendant près d'un demi-siècle, ne cessa d'augmenter, d'enrichir la Collection confiée à ses soins; qui, compagnon d'étude du célèbre Vien, l'aida à ramener les* jeunes Artistes français à l'étude des chefs-d'œuvre de l'Ecole italienne; qui sut enfin, par ses connaissances et son aménité, acquérir l'estime et l'amitié de ses savans compatriotes, Mariette et le Comte de Caylus, ainsi que celles des amateurs, ses contemporains, le Baron de Heinecken et Horace Walpole.

Depuis vingt-cinq ans, Monsieur, qu'on vous voit marcher sur ses traces, le Cabinet des Estampes de la Bibliothèque du Roi n'a cessé de recevoir des augmentations importantes; et la France peut toujours s'enorgueillir de posséder la collection d'Estampes la plus nombreuse, la plus riche et la plus belle de l'Europe.

Heureux d'avoir participé à ces travaux, permettez-moi de vous offrir un témoignage public du respect avec lequel je suis,

Monsieur,

Votre très-humble et très-obéissant serviteur,

DUCHESNE aîné.

Paris, le 1.er Mars 1823.

AVERTISSEMENT.

~~~~~~~~~~~~~~~~~~~~~~~~~~~~

Il existe en Europe un grand nombre de Bibliothèques, mais ce n'est que dans celles de Vienne, Munich, Dresde, Londres, Amsterdam et Paris, qu'il se trouve des Collections d'Estampes. Le goût des arts est maintenant si répandu, qu'il semble étonnant que les établissemens de cette nature ne soient pas plus nombreux, et que ceux qui existent n'aient pas une origine plus ancienne. Ce n'est que vers la fin du règne de Louis XIII que M. Maugis, abbé de Saint-Ambroise, imagina, le premier, de former des recueils de Gravures : il lui fut d'autant plus facile d'en réunir une grande quantité, qu'il ne se trouvait pas de concurrens pour les lui disputer. Après sa mort, les Estampes les plus précieuses de son cabinet vinrent enrichir celui de M. Delorme; c'est là que M. de Marolles, abbé de Villeloin, qui avait le même goût, acquit, pour mille louis, ce qu'il trouva de plus rare

et de plus beau dans ce cabinet, afin d'en augmenter le sien. Colbert, à qui la France doit
tant de reconnaissance, Colbert qui protégea
tous les établissemens utiles, au moment
même où il venait de transporter la Bibliothèque du Roi, de la rue de la Harpe dans la
rue Vivienne, voulut encore lui donner une
richesse à laquelle on n'avait pas songé jusqu'à
lui : il fit acheter, en 1667, la collection d'Estampes de l'abbé de Marolles, dont le catalogue venait d'être publié, et qui se composait
de quatre cent quarante volumes contenant
environ cent vingt-cinq mille Estampes.

C'est là l'origine et le fondement du Cabinet
des Estampes dont la création n'eut pourtant
lieu que long-temps après, ces recueils ayant
d'abord été placés avec les autres livres, au
département des Imprimés. D'autres augmentations vinrent successivement se joindre à
cette première acquisition ; les plus importantes sont celles des Cabinets de Gaignières,
en 1711 ; de Beringhen, en 1731 ; du Maré-
chal d'Uxelles, en 1753, et de Bégon en 1770.
Indépendamment de ces collections qui furent
achetées en entier, M. Hugues-Adrien Joly,

garde du Cabinet des Estampes depuis 1752 jusqu'en 1792, n'a cessé d'employer tous ses soins pour faire des acquisitions, dans lesquelles il a toujours été dirigé par un goût sûr et des connaissances très-étendues. C'est à M. Joly, son fils, qui lui a succédé, qu'on doit l'agrément de voir exposer un choix d'Estampes, qui peut donner une idée de l'histoire de la Gravure, depuis son origine jusqu'à nos jours.

Quelque brillante que soit cette exposition, ce n'est pas seulement par elle qu'on peut juger de la richesse de cette immense collection. Son utilité est universellement reconnue par les amateurs qui y admirent un grand nombre de pièces rares, par les artistes qui y viennent pour s'inspirer en voyant les œuvres des grands Maîtres; par les gens de lettres qui y trouvent des renseignemens exacts sur les costumes, les monumens et les pays dont ils traitent dans leurs ouvrages; et par les savans qui y voyent réunis les diverses figures, médailles ou pierres gravées, dont ils ont besoin pour orner leurs dissertations et leurs mémoires.

Aucune des autres collections d'Estampes que l'on remarque en Europe, n'approche de la richesse de celle de Paris; aucune ne présente autant de diversité; dans aucune enfin on ne peut trouver réunis des œuvres aussi nombreux des vieux Maîtres d'Italie et d'Allemagne, un œuvre aussi complet de Rembrandt, des eaux-fortes des Peintres hollandais, ainsi que des œuvres des Graveurs flamands et français. Enfin, si dans quelques autres cabinets, on trouve des collections de portraits, nulle part on n'a réuni des collections historiques, mythologiques et topographiques aussi considérables, rangées systématiquement, enfin des recueils d'Architecture, de Métiers, de Costumes.

Une aussi nombreuse collection d'Estampes et d'ouvrages à figures avait nécessairement besoin, pour être classée, d'une méthode claire et précise, au moyen de laquelle il fût facile de retrouver les ouvrages, et qui permît d'intercaler ceux qu'on pourrait acquérir par la suite.

M. de Heinecken avait publié en 1771, sous le titre d'*Idée générale d'une Collection*

complette d'Estampes, un système suivant
lequel était rangé le Cabinet de Dresde, et où
les Estampes et les Ouvrages à figures se
trouvent divisés en douze classes. En 1783,
M. Joly père avait adopté cet ordre; mais les
augmentations importantes qui eurent lieu
depuis, et celles bien plus considérables encore,
qui se firent en 1797, après que M. Joly,
son fils, l'eut remplacé, nécessitèrent une
nouvelle classification, dans laquelle nous
avons cru devoir faire plusieurs changemens.

Le système de M. de Heinecken me servit
de base, mais les classes furent portées à 24, et
rangées dans un autre ordre: une lettre ma-
juscule fut adoptée pour chacune d'elles; une
lettre minuscule indiqua les sous-classes, qui
sont au nombre de 118; puis chaque ouvrage
reçut un numéro d'ordre pour désigner la
place qu'il doit occuper dans la sous-classe
à laquelle il appartient.

Nous avons pensé qu'il pouvait être agréable de connaître la méthode adoptée pour
la classification du département des Estampes
de la Bibliothèque du Roi, puisqu'elle peut
servir également à ranger une collection

moins nombreuse, en supprimant seulement
la lettre des sous-classes. Sans entrer dans
aucun détail, nous allons donner les titres
de chaque division, avec les lettres qui leur
appartiennent, et le nombre de volumes
qu'elles renferment.

DISPOSITION MÉTHODIQUE

DU CABINET DES ESTAMPES

DE LA BIBLIOTHÈQUE DU ROI.

C Écoles germaniques.

D Écoles françaises.

E Graveurs.

---

* On pourrait diviser cette sous-classe en l'arrêtant à Jean-Baptiste-Marie Pierre, 1710, et en formant sous les lettres Dc une troisième division de l'Ecole française, commençant à Joseph-Marie Vien, 1715.

** Les sous-lettres dans la classe des Graveurs rappelant la lettre des Ecoles auxquelles ils appartiennent, on n'a pas cru devoir diviser les pays qui se trouvent compris dans la classe C, mais chacun forme une série séparée rangée par ordre chronologique.

---

* On pourrait aussi former une troisième division composée des Graveurs vivans, et portant les lettres Ef.

M Encyclopédies.

N Portraits.

O Costumes.

P Prolégomènes historiques.

U Voyages.

V Topographie.

X Géographie *.

Y Bibliographie.

* Les cinq premières divisions de cette classe ont été transportées au Département des Imprimés.

On peut évaluer à douze cent mille le nombre des Estampes contenues dans près de six mille volumes ou porte-feuilles dont nous venons de donner la classification.

Les personnes qui désireront voir quelques volumes pourront demander, de préférence, dans les *Écoles d'Italie,* les Œuvres de Michel-Ange Buonarotti, Raphaël d'Urbin, Jules-Romain, Tiziano Vecelli, Antoine Allegri dit le Corrège, l'Albane, le Guerchin, les Carrache, Dominique Zampieri, Guido Reni et Pinelli ; *en Allemagne,* Albert Durer, Holbein, Lairesse, Rugendas et Reinhart ; *dans les Pays-Bas,* Lucas de Leyde, Rembrandt, Rubens, Van Dyck, Berghem, Ostade, Wouwermans, Dujardin et Teniers ; *en Angleterre,* Hogarth, Reynolds et West ; *en France,* Poussin, Le Brun, Le Sueur, Claude Lorrain, Bourdon, Mignard et Rigaud ; *parmi les Graveurs étrangers,* les Œuvres de Marc-Antoine Raimondi, Hollar, Crispin de Pass,

Goltzius, Vischer, Bloemaert, Romain de Hoogue, Pietre-Sante, Labelle, Morghen et Volpato; *parmi les Français,* ceux de Callot, Mellan, Silvestre, Poilly, Nanteuil, Picart, Le Clerc, Edelinck, Audran, Drevet, Le Bas, Wille, Moreau, Balechou, Ingouf, et Audouin.

Dans la classe d'Histoire naturelle, on peut voir plusieurs ouvrages coloriés avec soin, représentant des oiseaux ou des plantes, parmi lesquels on distingue les Pigeons de Mme Knip, les Oiseaux de Paradis de Levaillant, les Fleurs de Prévost, les Liliacées et les Roses de Redouté.

Les Portraits, au nombre de soixante mille, sont divisés dans chaque pays, suivant leur état ou leur profession, et classés par ordre chronologique, lorsque leur rang leur assigne une date certaine dans l'histoire, et par ordre alphabétique, lorsque leur profession ne donne pas d'autre moyen de les placer.

La suite des costumes de différens pays et de divers siècles ne sera certainement pas vue sans intérêt; principalement ceux de France, d'Italie, de Russie, de la Turquie, de l'Inde ou de la Chine. L'Histoire de France, par Estampes, en quatre-vingts porte-feuilles, et celles des autres pays de l'Europe, sont également curieuses. Mais un autre recueil que M. Joly a cru devoir former avec d'autant plus de soin, que jusqu'à lui personne n'avait eu cette pensée, est la collection mythologique, dans laquelle sont réunis tous les Monumens antiques et les Sujets modernes ayant rapport aux Dieux de la Fable, et formant ainsi, en cinquante porte-feuilles, une histoire du Paganisme et des premiers temps de la Grèce.

La Collection topographique est également très-curieuse; elle a pris aussi, sous la direction de M. Joly, un tel accroissement, que la ville de Paris qui, dans le Cabinet de M. de Gaignières, ne formait que huit porte-feuilles, en occupe maintenant quarante-deux.

Quelques personnes peut-être auraient désiré avoir un Catalogue raisonné des Estampes les plus rares et les plus précieuses, avec toutes les remarques que l'on connaît sur chacune d'elles; mais bien que cet ouvrage, dont nous nous occupons depuis

long-temps, puisse paraître intéressant, il ne
conviendrait qu'à un petit nombre d'amateurs,
et nous avons cru que des remarques sur les
Estampes exposées aux yeux du Public,
seraient d'un intérêt général pour tous ceux
qui visitent la Bibliothèque.

Le choix de cette exposition fait voir que l'on
a voulu montrer au Public, non-seulement les
plus belles Estampes au burin, mais aussi celles
qui sont remarquables par leur ancienneté
ou leur rareté : on y a joint quelques Gravures
à l'eau-forte, pour faire connaître l'esprit, la
finesse et la légèreté que plusieurs Peintres
ont su donner à ce travail; enfin on y trouve
aussi les plus belles Estampes modernes qui
complettent l'histoire de l'art.

Toutes les Gravures à l'eau-forte sont
placées dans l'embrâsure de la première fenêtre; les Gravures de Marc-Antoine, ainsi
que celles des anciens Maîtres italiens et allemands se voient, ou dans l'embrâsure de la
deuxième fenêtre ou dans la première rangée
en face. Toutes les autres parties de la première pièce et de la Galerie sont occupées
par de belles Estampes, publiées tant en

France que dans les pays étrangers, pendant le siècle de Louis XIV, ainsi que par des Epreuves de remarque et des morceaux capitaux de nos Graveurs modernes.

Nous avons suivi, dans cette Notice, l'ordre chronologique de la naissance des Graveurs, en ayant soin d'indiquer le Numéro qui se trouve sur les Estampes.

A la fin de l'ouvrage, on trouvera une table alphabétique des noms et des matières, avec le numéro sous lequel est décrit chaque article.

Nous espérons publier incessamment un Catalogue raisonné des *Nielles* ou Gravures des Orfèvres florentins du xv.ᵉ siècle, ainsi que quelques pièces inconnues du Maître de 1466 et la description complète de son alphabet grotesque.

NOTICE
DES ESTAMPES
EXPOSÉES
À LA BIBLIOTHÈQUE DU ROI.

QUINZIÈME SIÈCLE.

Maître inconnu.

1 *Saint Christophe avec l'Enfant-Jésus sur ses épaules.*

Cette gravure en bois, avec la date la plus ancienne qu'on connaisse, est une de ces curiosités qu'on ne peut voir sans une espèce d'étonnement. Ce n'est ni la composition, ni le dessin, ni le travail qui peuvent intéresser dans cette gravure, car rien n'est plus grossier, plus incorrect et moins agréable à l'œil; mais quand on pense qu'une *Image* destinée à satisfaire la dévotion du peuple, une simple feuille de papier, a pu traverser un espace de quatre siècles, et arriver presque sans accidens jusqu'à nous, on ne peut plus être étonné du prix qu'on attache à une semblable gravure.

Cette pièce, portant la date de M CCCC XXIII, est la gravure la plus ancienne qui existe avec une date é il s'en trouve une épreuve coloriée en Angleterre, dans la bibliothèque de Lord Spencer; une troisième épreuve est restée en Allemagne : on n'en connaît point d'autre.

I

THOMAS FINIGUERRA, dit *MASO FINIGUERRA*,
né vers 1418, mort vers 1460.

2 *Couronnement de la Vierge.*

Jésus-Christ assis sur un très-grand trône, et coiffé
d'un bonnet semblable à celui des Doges, place à deux
mains une couronne sur la tête de la Vierge assise sur
le même trône et inclinée vers lui, les bras croisés sur
la poitrine ; en bas, au milieu, Saint Augustin et
Saint Ambroise sont à genoux ; à droite, on voit
debout un grand nombre de Saintes, parmi lesquelles
on distingue Sainte Catherine et Sainte Agnès ; à
gauche sont tous les Saints aussi debout, et à la tête
desquels on remarque Saint Jean-Baptiste ; aux deux
côtés du trône, plusieurs Anges sonnent de la trom-
pette, et dans le haut, d'autres soutiennent une banderolle sur laquelle on lit : ASSUMPTA EST MARIA IN
CELUM GAUDET EXERCITUS ANGELORUM. Cette inscription, ainsi que les noms AGOSTINO et AMBROSIO, se
lisent à rebours, parce que cette Paix n'ayant pas été
faite pour en tirer des épreuves, les lettres sont
écrites dans le sens ordinaire sur la planche d'argent
qui existe encore à S.ᵗ-Jean de Florence.

Après avoir vu long-temps l'Allemagne et l'Italie se
disputer l'honneur d'avoir donné naissance à l'inventeur de la gravure au burin, ou plutôt à celui qui le
premier trouva moyen de tirer des épreuves d'une
gravure en taille-douce, la gloire en est enfin restée à
la patrie des arts ; et l'abbé Zani, par ses recherches,
est parvenu à démontrer que Finiguerra avait l'anté-
riorité de plus de dix ans sur les Maîtres allemands.

On a peu de notions sur cet artiste ; mais il est cer-
tain qu'il fut chargé d'exécuter, pour l'église de S.ᵗ-
Jean de Florence, une Paix en argent, où il représenta
le couronnement de la Vierge, et pour le paiement de

laquelle, en 1452, il reçut 66 florins d'or (environ
800 francs). C'est de cette Paix qu'il tira l'épreuve que
l'on voit ici, et qui est la seule pièce que l'on puisse
avec certitude donner à Maso Finiguerra (*). Cette
épreuve, unique jusqu'à ce jour, faisait partie de la
collection de l'abbé de Marolles, achetée par le Roi en
1667; elle était depuis ce temps restée dans le recueil
des vieux Maîtres italiens anonymes, et la découverte
en fut faite en 1797, par l'abbé Zani, qui, en visitant
l'Italie, avait vu à Florence la Paix originale en argent,
ainsi qu'une empreinte en souffre chez M. Sérati à
Livourne.

Cette importante découverte a fixé toutes les incer-
titudes sur la date des premières impressions d'Estampes, et place Maso Finiguerra à la tête des plus
anciens Graveurs en taille-douce : cependant, quoiqu'on ait tiré une épreuve de cette Paix, elle doit faire
partie des *nielles*, c'est-à-dire des planches d'argent
sur lesquelles les orfèvres de ce temps traçaient des
compositions ou des ornemens avec des fonds en tailles
serrées, qu'ils recouvraient ensuite d'un émail noir
(*nigellum*), composé d'argent, de cuivre, de plomb,
de soufre et de borax. La gravure n'était dans ce cas
qu'un travail préparatoire pour fixer l'émail ou le
nielle sur la planche, et l'empêcher de se détacher du
métal, ce qui, malgré cela, est encore arrivé quelquefois.

(*) L'épreuve d'une autre Paix, qui faisait partie du cabinet de M.
Durand, à Paris, a passé depuis à Vienne dans la collection formée par le
Duc de Saxe-Teschen : on la croit également gravée par Maso Finiguerra ;
mais ce n'est qu'en la comparant avec celle-ci, et en voyant la ressemblance du travail de ces deux pièces, qu'elle doit lui être attribuée,
tandis que les titres existant dans les archives de S.ᵗ-Jean de Florence,
donnent à celle de la Bibliothèque du Roi une authenticité in-
contestable.

. BARTHELEMY BALDINI, dit *BACCIO BALDINI*, Orfèvre florentin, travaillant de 1460 à 1480.

3 *Le Triomphe de Paul-Emile.*

Dans un char on voit debout Paul-Emile, général romain, surnommé *le Macédonique,* à cause de la victoire qu'il avait remportée sur Persée, Roi de Macédoine, et pour laquelle le Sénat lui décerna les honneurs du triomphe, l'an 167 avant J.-C. Les diverses inscriptions latines qu'on lit sur cette pièce sont en l'honneur du héros.

C'est Baldini que l'on peut, en quelque sorte, regarder comme le premier Graveur italien, puisque Maso Finiguerra, à qui on doit la découverte de l'impression des estampes, ainsi que Peregrini, dont nous aurons à parler dans un autre ouvrage, et quelques autres orfèvres, n'ont jamais fait que des *nielles* ou ornemens d'orfévrerie qui n'étaient pas destinés à donner des épreuves. On croit que Baldini a travaillé d'après les dessins d'Alexandre Boticello et conjointement avec lui : ses ouvrages, ainsi que ceux de leurs contemporains, ne présentent rien de gracieux : on n'y trouve ni correction dans le dessin, ni expression dans les têtes, ni noblesse dans la composition, mais seulement une naïveté qui prouve que ces premiers artistes ne pensaient qu'à copier la nature, sans chercher ce qu'on a appelé depuis le beau idéal.

Toutes les gravures du xv.ᵉ siècle sont si rares à trouver bien imprimées et bien conservées, que les amateurs les paient toujours excessivement cher lorsqu'elles sont en bon état.

Baldini a publié quelques estampes et plusieurs suites : les Prophètes, les Sibylles, les Planètes et des vignettes pour le poëme de l'Enfer du Dante ; son œuvre peut se composer de près de cent pièces.

Quoiqu'on n'ait pas la certitude que cette pièce soit
de Baldini, on a cru pouvoir adopter en cela l'opinion
de M. de Heinecken, qui la lui a attribuée.

Le Maître de 1466.

4 *Adam et Eve mangeant le fruit défendu.*

Auprès d'un arbre qui a la forme d'un Oranger, on
voit deux figures nues assez mal dessinées. On ne peut,
dans cette pièce, admirer aucune partie du travail; la
rareté et l'ancienneté en font le seul mérite.

Le nom et la patrie de cet ancien Graveur allemand
sont absolument inconnus. La lettre S et les étoiles
qu'il a souvent employées dans la broderie de ses
vêtemens pourraient donner à croire qu'il se nommait
Stern.

Le caractère de son dessin et sa manière de graver
le font facilement remarquer, et empêchent d'attribuer à d'autres Maîtres les pièces sur lesquelles il n'a
pas mis sa marque : on connaît 120 pièces gravées
par lui; elles sont toutes très-rares. Il est probable-
ment le premier qui ait fait usage, en Allemagne, de
la découverte de Finiguerra.

5 *Jugement de Salomon.*

Si le sujet de cette gravure ne présentait pas un
fait qui n'appartient qu'à l'histoire des Hébreux, il
serait difficile de reconnaître le Roi Salomon dans un
personnage vêtu avec le costume du xv.e siècle,
assis sous un dais orné de plusieurs écussons, dont
celui du milieu représente les armes de France : mais
on a souvent occasion de remarquer de semblables
anachronismes dans les compositions des anciens
Maîtres.

6 *La Vierge, l'Enfant-Jésus et Sainte Catherine.*

Dans l'angle d'un bâtiment ouvert des deux côtés,
la Vierge est assise sur un banc de verdure, tenant de
la main droite un livre qu'elle feuillette de l'autre main :
sur le devant, au milieu, est l'Enfant-Jésus debout, tenant de la main droite une baguette avec laquelle il
paraît frapper un petit chien qui mord sa robe. A
droite est Sainte Catherine à genoux, tenant une rose ;
à gauche une autre Sainte, assise, tient en laisse un
animal ressemblant à un chien : par chacune des fenêtres
du fond on voit un ange ; celui de gauche pince de la
harpe, et l'autre du luth.

Cette pièce, l'une des plus grandes du Maître de
1466, est incontestablement de lui, quoiqu'elle ne porte
ni marque ni année : elle n'est pas décrite dans le Peintre-
Graveur de M. Bartsch.

7 *Saint Jean l'évangéliste.*

L'Apôtre bien-aimé de Jésus-Christ, l'un des quatre
évangélistes, relégué dans l'île de Patmos, pendant
une persécution des Chrétiens, écrivit d'après l'inspi-
ration divine un livre qui révèle l'avenir, et auquel on
a donné, pour cette raison, le nom d'*Apocalypse.*

8 *Saint Jean-Baptiste.*

Au milieu d'une pièce ronde que l'on croit une
Patène, Saint Jean-Baptiste est assis sur un rocher,
ayant son agneau couché près de lui et un livre sur
ses genoux : autour de ce sujet on voit des rinceaux
d'ornemens, formant huit ronds, dans lesquels sont
les quatre Pères de l'Eglise et les animaux symboliques
des quatre Evangélistes.

Cette pièce est *marquée*, dans le haut, de l'année
1466.

9 *Saint George.*

Saint George, à cheval, vient d'enfoncer sa lance dans la gueule d'un dragon qui s'accroche à la jambe de son cheval : il lève son épée pour l'exterminer, et délivrer ainsi la reine de Lydie, qu'on voit à genoux dans le fond, et qui devait être dévorée par ce monstre.

Il est difficile de trouver une Epreuve aussi bien imprimée, d'un ton aussi vigoureux et d'une aussi belle conservation ; on peut s'étonner qu'une chose aussi fragile que du papier, soit restée sans aucune altération après un espace de près de quatre cents ans.

10 *Sainte Véronique.*

C'est bien improprement qu'on a donné le nom de *Véronique* à une prétendue Sainte-Femme de Jérusalem, qui aurait offert à J.-C. montant au Calvaire, son voile, sur lequel le Sauveur, en s'essuyant, aurait laissé les traces de sueur et de sang qui couvraient son visage. Un bref de l'année 1011 établit le culte en l'honneur de la *Vera Iconica* (véritable image), d'où par corruption sont venus, d'abord le nom de *Véronique*, puis plus tard ceux de *Vérone*, *Venise* et *Bérénice*.

11 *Tête de Christ.*

Le Sauveur, représenté à mi-corps, donne la bénédiction d'une main, de l'autre il tient la boule du Monde surmontée d'une croix. Dans le haut, on lit en lettres gothiques : *Sanctus salffidor*, et au-dessus l'année 1467, entre les deux lettres E S qui sont les initiales du nom du Graveur.

Il est étonnant de voir qu'un si beau caractère de tête soit le travail d'un artiste qui, dans le reste des figures, montre si peu de connaissance de l'art du dessin.

MARTIN SCHONGAUER, connu sous le nom de *MARTIN SCHOEN*, Peintre, né à Augsbourg; mort à Colmar le 2 février 1499.

12 *Portement de Croix.*

Cette grande composition est la plus considérable, et l'une des plus rares de l'œuvre de Schongauer ; elle fait voir que ces anciens Maîtres, en laissant à la plupart de leurs figures une expression assez triviale, et telle qu'ils la voyaient sans cesse sous leurs yeux, savaient donner de la noblesse à leurs principaux personnages, et qu'ils ne manquaient pas de génie.

Il est extraordinaire de voir une épreuve aussi brillante et aussi bien conservée.

Martin Schongauer, long-temps regardé comme le premier Graveur allemand, et même quelquefois comme l'inventeur de la Gravure, par ceux qui prétendaient que cet art avait pris naissance en Allemagne, est supérieur à ses contemporains, et mérite d'être considéré également comme Peintre et comme Graveur. Cependant on ne doit pas chercher dans ces premiers essais de l'art, ni la pureté du style, ni la beauté de l'exécution, ni la perfection en aucun genre ; la naïveté est le principal mérite de ces pièces, l'ancienneté y donne du prix, et la rareté l'augmente.

13 *Saint Antoine tourmenté par les Démons.*

Ce pieux anachorète, instituteur de la vie monastique, vécut dans les déserts de l'Egypte, où il mourut en 356, âgé de 105 ans.

Cette pièce, l'une des plus rares de l'œuvre de Schongauer, est citée avec éloge par Vasari, qui raconte que Michel-Ange, touché de la variété et de la bizarrerie de cette composition, avait, dans sa jeunesse, colorié une épreuve de cette gravure. Il est certainement permis de douter d'une assertion aussi singulière, et il est difficile de croire que Michel-Ange, qui avait des idées si grandes, ait jamais attaché de l'importance à une gravure aussi grotesque.

14 *Bataille.*

Schongauer a gravé souvent d'après ses propres compositions, et les pièces qui composent son œuvre passent le nombre de 120; presque toutes sont rares: une des plus remarquables est la bataille des Chrétiens contre les Infidèles, dans laquelle Saint Jacques le Majeur, l'un des apôtres, patron de l'Espagne, à la tête de l'armée chrétienne, combat les Infidèles et les met en déroute.

Au bas de l'estampe, vers le milieu, on voit la marque de l'Artiste, formée d'une M et d'une S gothiques avec une croix entre deux.

ISRAËL VAN MECKEN, Orfèvre, vivait à Mecken avant 1500.

15 *Danse d'Hérodiade.*

Ce sujet est représenté, suivant l'usage des Maîtres de ce temps, avec les costumes de leur siècle. La cour d'Hérode, marchant deux à deux et dansant au son des instrumens, se dirige vers la table du prince, à qui Hérodiade vient présenter la tête de Saint Jean-Baptiste, dont elle avait obtenu la mort.

Israël, travaillant encore après la mort de Martin Schongauer, est celui de ces deux Maîtres dont le nom est le plus connu, d'abord parce qu'il a gravé un plus grand nombre de pièces; ensuite, parce que les ayant souvent signées de son nom de baptême, et même quelquefois de son surnom, ou d'initiales qui l'indiquent, il a été plus facile de reconnaître les pièces dont il était l'auteur.

Son œuvre monte à près de 250 pièces, dont plusieurs sont des copies faites d'après Martin Schongauer, ou autres Maîtres allemands. Son dessin est plus incorrect que celui de ses prédécesseurs.

BENOIT MONTAGNA, né à Vicence en 1458; mort à Vérone, vers 1530.

16 *La Sainte Famille.*

La Vierge, assise sur un tapis étendu sur le gazon, presse l'Enfant-Jésus entre ses bras; Saint Jean est assis à sa gauche, et Saint Joseph est sur le devant dans un fossé, de manière qu'on ne voit que le haut de son corps. Le fond offre une rivière traversée par un pont de pierre, et aux bords de laquelle on voit des bâtimens magnifiques.

Au milieu, dans le haut, on lit le nom du Graveur BENEDECTO MONTAGNA.

Cet ancien Graveur italien n'a donné qu'un petit nombre de pièces, dont la rareté fait le principal mérite.

JEAN-ANTOINE, né à Brescia en 1461.

17 *Statue de Vénus.*

Vénus debout cherchant à soutenir une draperie qui tourne en partie autour d'elle.

Cette pièce est gravée d'après un marbre antique qui venait d'être découvert à Rome, ainsi que l'indique l'inscription qu'on voit en bas à gauche. Au milieu se trouvent les lettres IO. AN. BRIX1A9, qui indiquent le nom du Graveur.

Les pièces de ce Maître sont rares; il est cependant très-probable qu'on doit également lui attribuer celles qui sont marquées Z. A. et que *Zoan-Andrea* (Jean-

André), de Venise, n'est autre que Jean-Antoine, de Brescia. Nous aurons dans une autre circonstance occasion d'éclaircir cette discussion, qui serait déplacée dans cette Notice.

18 *La Justice.*

Une figure allégorique de la Justice, tenant un glaive d'une main et un compas de l'autre ; dans le haut de l'estampe est l'inscription ALMA JUSTICIA, et en bas les lettres IO. AN. BX.

Un Maître allemand travaillant en 1492.

19 *Jésus-Christ tenté par le Démon.*

Cet Artiste, sur lequel on n'a aucune notion, est un des plus anciens Maîtres allemands. Sa marque est composée des lettres gothiques allemandes L Z.

ROBETTA, Graveur florentin, qui travaillait vers 1520.

20 *Adoration des Mages.*

La Vierge assise, ayant sur ses genoux l'Enfant-Jésus, qui tient dans ses mains une petite boîte.

Parmi les orfèvres florentins qui ont cultivé la gravure, Robetta est un de ceux qui s'y sont le plus distingués ; il a gravé environ trente planches.

Il est difficile de rencontrer une épreuve aussi brillante et aussi colorée que celle-ci.

ALBERT DURER, Peintre et Graveur, né le 20 Mai 1471, à Nuremberg, où il mourut le 6 Avril 1528.

21 *Adam et Ève.*

Ève debout prend de la main droite la pomme que lui présente le Serpent ; Adam s'apprête à la recevoir : sur l'arbre derrière lui, on aperçoit un Per-

roquet, et auprès une tablette sur laquelle on voit
le monogramme d'Albert Durer et l'année 1504,
puis cette inscription : *Albertus Durer noricus fa-
ciebat.*

Albert Durer, un de ces génies rares dont un seul
suffirait pour illustrer leur pays et leur siècle, s'est
distingué dans la peinture et dans la gravure; il a
même publié sur les arts divers ouvrages écrits en
latin, et l'étude des mathématiques ne lui était pas
étrangère. On trouve dans plusieurs églises d'Allemagne, et dans un grand nombre de cabinets, des
tableaux qui font connaître son talent comme Peintre.

Il a gravé plus de cent planches en cuivre, parmi
lesquelles plusieurs sont remarquables par la finesse et
la pureté du burin, mais toutes d'un dessin gothique.
On a gravé un grand nombre de planches en bois
d'après ses dessins.

22 *Saint Hubert.*

Cette estampe, l'une des plus belles et des plus rares
de l'œuvre d'Albert Durer, représente un chasseur à
genoux, en extase devant un Cerf portant un crucifix
au milieu de son bois.

Ce fait, que l'on raconte comme ayant causé la
conversion de Saint Hubert, adonné d'abord à ses
plaisirs, et ensuite Evêque de Maëstricht en 708,
a été regardé comme douteux. Nous pouvons au-
moins penser avec raison, que la manière dont Albert
Durer a représenté ce Cerf est tout-à-fait imaginaire,
et il suffit de croire que le bois de ce Cerf, au-lieu
de se partager en deux branches, figurait une simple
croix, sans vouloir encore trouver la figure de
Jésus-Christ sur cette croix naturelle.

Plusieurs années après sa mort, le corps de Saint
Hubert fut transféré de la ville de Liège dans l'ab-

baye d'Andain, qui depuis ce temps, a pris le nom de Saint-Hubert-en-Ardennes.

Le Saint était souvent intercédé pour obtenir les grâces du ciel; et dès le onzième siècle, on voit qu'il était invoqué particulièrement pour la guérison de la rage: c'est de là qu'il est devenu patron des chasseurs et de tous ceux qui élèvent des chiens.

M. Bartsch dit que l'Empereur Rodolphe II a fait dorer cette planche; cette singularité pourrait être cause de sa rareté.

Cette pièce est connue en Allemagne sous le nom de Saint Eustache, parce que c'est sous ce titre qu'Albert Durer en parle dans le journal de son voyage. Mais, cependant, Saint Hubert est reconnu comme le patron des chasseurs, et rien de semblable ne se trouve dans la vie de Saint Eustache.

JEAN DUVET, Orfèvre et Graveur, né à Langres en 1485.

23 *Henri II et Diane de Poitiers.*

Au bord d'une forêt, Henri II, assis près d'une femme portant sur la tête un croissant, l'un des attributs de Diane, reçoit les hommages de chasseurs que l'on voit à droite, et qui sont accompagnés de leur meute; dans le fond coule une rivière avec un pont, sur lequel est la porte d'une ville.

On trouve peu de talent dans les gravures de Jean Duvet; le dessin n'est pas correct, et la composition est bizarre; mais quoiqu'il soit bien inférieur aux Artistes qui travaillaient en-même-temps que lui en Italie et en Allemagne, il mérite notre attention puisqu'il est le plus ancien Graveur français. Il a gravé environ 40 pièces, dont une suite de 24 figures pour l'Apocalypse de Saint Jean.

MARC-ANTOINE RAIMONDI, né vers 1488, à Bologne,
où il mourut vers 1546.

24 *Adam et Eve mangeant le fruit défendu.*

Eve, debout, vient de cueillir le fruit de l'arbre de
la science du bien et du mal ; elle le présente à Adam.

Cette composition, de la plus grande simplicité,
laisse admirer toute la grâce, l'élégance et la pureté du
dessin de Raphaël ; elle n'a rien perdu de son charme
en passant par le burin de Marc-Antoine ; et à ces
divers degrés d'intérêt se joint encore celui d'une
grande rareté.

Pendant qu'Albert Durer s'illustrait en Allemagne
aussi bien que Lucas de Leyde en Hollande, Raphaël
méritait bien sans doute qu'il se formât en Italie un
Graveur capable de nous retracer ses compositions.
Marc-Antoine est le premier Graveur italien qui ait
quitté la sécheresse de l'outil qu'on remarque dans
tous les *nielles* dont l'usage avait été si fréquent. Les
premiers travaux de Marc-Antoine tiennent encore
un peu du goût gothique des anciens Graveurs italiens ; mais dès qu'il eût étudié sous Raphaël, il sut
rendre dans ses estampes la correction qui distingue
si éminemment les compositions sublimes et pleines
de grâce du prince de la Peinture. En admirant
cependant, dans les gravures de Marc-Antoine, la
pureté du trait, l'expression des têtes et la finesse des
extrémités, on est forcé de convenir que le burin
présente encore souvent de la roideur, et surtout trop
d'uniformité dans les travaux.

Marc-Antoine a gravé plus de 350 morceaux, parmi
lesquels un grand nombre sont rares et fort recherchés
des amateurs et des artistes.

25 *David coupant la tête à Goliath.* Epreuve
avant le monogramme sur la tablette.

Sous le règne de Saül, les Philistins étant en guerre
avec les Israélites, tandis que les armées étaient en
présence, afin d'éviter la bataille qui devait avoir lieu,
un géant nommé Goliath défia les Israélites de
trouver parmi eux un guerrier qui voulût se mesurer
avec lui. La hauteur de sa stature inspirait l'effroi, et
personne ne se présentait, lorsqu'il vit venir à lui le
jeune David, n'ayant pour toute arme qu'un bâton et
une fronde. Sa fierté paraissait humiliée d'être obligé
de se battre avec un simple berger, au moment où il
reçut au milieu du front une pierre qui le renversa
par terre; alors David courut au géant, et lui trancha
la tête avec l'épée même dont son ennemi était armé.

26 *Le Massacre des Innocens.*

Hérode, Roi de Judée, voulut faire périr l'Enfant-
Jésus, dont l'existence lui donnait de l'inquiétude,
parce qu'il était désigné par les Prophètes comme
devant être Roi des Juifs; mais ne pouvant parvenir à
connaître le lieu où il était caché, il ordonna de massa-
crer tous les enfans qui n'avaient pas encore deux ans.

Cette pièce, gravée d'après Raphaël, est une des
plus recherchées : elle est remarquable par le précieux
et la finesse des extrémités aussi bien que par l'expression des têtes, qui sont rendues avec une vérité admirable. Il existe deux planches de cette composition,
toutes deux gravées par Marc-Antoine, de la même
grandeur et dans le même sens. Celle-ci, qui est la plus
rare, est connue sous la singulière dénomination du
Chicot, à cause d'un sapin qui domine par-dessus les
autres arbres, dans le fond, à droite.

27 *La Magdeleine versant du parfum sur les pieds
de Jésus-Christ.*

Jésus-Christ, à table chez Simon le Pharisien, est

interrompu par Marie-Magdeleine, qui lui verse sur les pieds un vase de parfum d'un grand prix, et les essuie ensuite avec ses cheveux. L'usage, chez les Anciens, était de parfumer les pieds des voyageurs à qui l'on donnait l'hospitalité et auxquels on voulait rendre honneur ; mais l'humilité que professait Jésus-Christ avec ses disciples, fit blâmer cette prodigalité par l'un d'eux, qui s'écria : *N'eût-il pas mieux valu vendre ce parfum et donner aux pauvres l'argent qu'on en aurait tiré ?* Alors, dit l'Évangile, Jésus connaissant leur pensée et voulant annoncer sa mort prochaine, fit entendre que cette sainte-femme avait voulu par là remplir l'usage où l'on était d'embaumer le corps de ceux qu'on chérissait.

Cette pièce est gravée d'après Raphaël : l'épreuve est remarquable par sa grande fraîcheur et son étonnante conservation.

28 *La Cène.*

Jésus-Christ, assis au milieu de ses Apôtres, a près de lui Saint Jean, son disciple bien-aimé ; de l'autre côté est Saint Pierre. Le moment choisi par le Peintre est celui où Jésus-Christ annonce à ses Disciples que l'un d'eux doit le trahir. Chacun témoigne son étonnement ; et l'on doit reconnaître Judas dans celui qui, debout, pose la main sur l'épaule de Saint Pierre, et dit à son divin Maître : *Serait-ce moi, Seigneur ?*

Cette Estampe, connue dans le commerce sous le nom de la *Pièce des Pieds*, est gravée d'après Raphaël. La tablette que l'on voit à droite contre un siège, est une marque que Raimondi a souvent employée au-lieu de son chiffre.

29 *Martyre de Saint Laurent.*

Riche composition de cinquante figures, au milieu

de laquelle on voit Saint Laurent assis sur un gril.
l'un des bourreaux cherche à l'y étendre au moyen
d'une longue fourche qu'il lui appuie sur la poitrine,
et qu'il pousse fortement avec ses deux mains. Le pré-
fet Cornelius Sæcularis est assis au fond, au milieu
du tribunal, et préside au supplice auquel il venait
de condamner Saint Laurent pour n'avoir pas voulu
livrer les vases précieux et les autres richesses de
l'église dont la garde lui était confiée. On remarque
autour plusieurs spectateurs, dont quelques-uns témoignent de la douleur, et semblent ainsi montrer
qu'ils font partie des Chrétiens pauvres, auxquels le
bienheureux Diacre a distribué les biens de l'Eglise
plutôt que de les livrer aux Infidèles.

Cette Estampe est gravée d'après le Sculpteur Baccio Bandinelli, dont on voit le nom sur une tablette à
gauche, et auprès de laquelle est le monogramme du
Graveur.

C'est après la mort de Raphaël que Marc-Antoine
grava cette belle composition, dans laquelle on peut
dire qu'il a surpassé son original, en adoucissant la manière sévère et outrée, qui est habituelle aux Maîtres de
l'école Florentine, et particulièrement aux Sculpteurs,
et en y répandant un peu de la grâce, dont les ouvrages
de Raphaël lui avaient donné l'habitude.

3o Les cinq Saints.

La singularité de cette composition et la difficulté
de l'expliquer lui ont fait donner dans le commerce
un nom dont la consonnance est désagréable et qui
ne présente rien à l'esprit. Ainsi que chacun a déjà
pu l'observer, il arrivait souvent dans ce temps
que les couvens ou les personnes pieuses qui commandaient un Tableau, au-lieu d'indiquer au peintre
un sujet historique, lui ordonnaient de placer tel et

tel personnage, qui n'avaient entre eux aucun rapport,
et mettaient ainsi l'artiste dans l'impossibilité de faire
autre chose qu'une composition allégorique dont
quelquefois on ne peut deviner l'objet. Dans le haut
de cette estampe, on voit le Sauveur assis sur des
nuages, ayant auprès de lui la Vierge et Saint Jean-
Baptiste ; au bas, on voit la figure de Saint Paul et celle
de Sainte Catherine.

Cette Estampe est gravée d'après un dessin de Raphaël, qui n'est pas entièrement conforme au Tableau, exécuté seulement du double de grandeur, et
qui se voyait dans l'Église des Religieux de Saint-
Paul à Parme. Il serait difficile de rencontrer une
épreuve aussi brillante et d'une conservation aussi
parfaite.

31 *La Vierge* à la longue Cuisse.

Cette Sainte-Famille est une des plus belles pièces
que Marc-Antoine ait gravées d'après Raphaël. En
voyant un sujet si souvent répété par tous les Peintres, on ne peut disconvenir que Raphaël n'ait su
se l'approprier, en lui donnant toujours une grâce
douce et fière, naïve et majestueuse, avec des formes
simples et nobles.

32 *Sainte Cécile.*

Saint Paul, Saint Augustin, Sainte Cécile, Saint
Jean et Sainte Magdeleine, réunis pour chanter les
louanges de Dieu, et interrompant leur chant pour
écouter un concert céleste. Cette gravure n'a point
été faite d'après le Tableau de Raphaël qui a été vu
au Musée de Paris, mais d'après un dessin de ce
grand Maître, qui faisait partie de la collection de M. de
Vindé, et qui a été vendu 6000 francs en Angleterre
en 1820.

Il serait difficile de trouver une épreuve aussi vigoureuse et d'une aussi parfaite conservation.

33 *Le Jugement de Páris.* Pièce en hauteur.

A droite, sur un rocher, est assis le berger Pâris, le coude appuyé sur une espèce de hache ; les trois Déesses sont nues, debout, en face de lui : Junon, la plus rapprochée de lui, n'a aucun attribut, elle paraît donner la main droite à Minerve, qui est la plus éloignée, et tient élevé un petit miroir, image de la prudence qui doit distinguer la Déesse de la sagesse. Vénus, au milieu d'elles, est vue par le dos : elle est caractérisée par les deux aîles de l'Amour, qui ornent le derrière de sa tête, et elle tient, de la main gauche, la pomme sur laquelle on lit les lettres F. VR. P.

Ces initiales, qui semblent ne présenter aucun sens, doivent signifier RAFAEL URBINAS PINXIT ; cependant nous n'oserions l'affirmer, car jusqu'à présent on a regardé cette pièce comme d'un Maître inconnu ; et si elle est de l'invention du plus grand Peintre de l'Italie, elle serait de sa jeunesse et dans le goût du Pérugin, son maître.

34 *Le Jugement de Páris.* Pièce en largeur.

Cette composition, l'une des plus belles et des plus riches de Raphaël, fait voir le sublime et la grâce qui distinguent les compositions de ce grand Peintre.

Pâris, assis à gauche, présente à Vénus la pomme qu'elle a méritée sur les deux rivales qui sont à ses côtés ; Junon dans le fond, paraît menacer Pâris de sa vengeance, et Minerve sur le devant, vue par le dos, se prépare à se revêtir : l'Amour se joue dans les jambes de sa mère ; la Victoire couronne la Déesse triomphante, et Mercure se dispose à

annoncer cette nouvelle aux Dieux de l'Olympe.
Le Soleil dans son char entouré des signes du zodiaque se voit au-milieu du ciel : il est précédé de
Castor et de Pollux à cheval ; à droite, on voit Jupiter
accompagné de Diane et de Ganymède. Sur le devant,
aussi à droite, sont deux Fleuves et une Naïade ; à
gauche, derrière Pâris, on voit trois Nymphes : du
même côté on lit une inscription latine qu'on peut
traduire ainsi : « *sans la beauté, le génie, la vertu, les
richesses n'ont aucun prix* ». Au-milieu, en bas, on
lit : Raph. Urbi. Inven. ; et au-dessous, le monogramme de Marc-Antoine.

Quelques personnes ont prétendu que Raphaël
avait puisé l'idée de cette composition dans un bas-
relief antique, qu'il aurait eu la barbarie de détruire
ensuite, pour qu'on ne s'aperçût pas de son larcin ;
on a prétendu aussi que dans les ingénieux Arabesques
dont il a décoré la galerie du Vatican, il avait copié
des peintures antiques nouvellement découvertes.
En rapportant des dictons aussi ridicules et sans
autre fondement que la jalousie de ceux qui les ont
inventés, nous ne le faisons que pour défendre le plus
grand des peintres modernes d'une action aussi basse
qu'inutile : il a donné assez de preuves de la grandeur et de la beauté de son génie, pour ne pas croire
qu'il eût besoin de puiser ailleurs que dans sa pensée ;
et s'il l'avait fait, il n'aurait été ni copiste ni pla-
giaire : il aurait tellement embelli les idées des autres,
qu'elles seraient alors devenues les siennes.

35 *Quos ego !* Épreuve avant la retouche.

Virgile, dans son Enéide, fait prononcer cette
phrase à Neptune calmant les flots, et cette expression

a souvent été employée pour désigner les Tableaux ou Gravures qui retracent ce sujet.

Le Dieu de la mer est représenté debout dans une conque traînée par quatre chevaux marins ; il ordonne aux Vents de rentrer dans leur grotte. Dans le lointain, à gauche, on voit la flotte d'Enée battue par la tempête.

Ce sujet est entouré d'une large bordure divisée en compartimens, où sont figurés divers traits de l'histoire d'Enée.

Dans le haut, un grand bas-relief, divisé en trois parties, représente, Junon sur un char attelé de deux Paons, engageant Eole à détruire la flotte des Troyens; Vénus sur un char attelé de quatre Pigeons et entourée des Amours ; au milieu, un Médaillon formé par les signes du zodiaque, où est représenté Jupiter assis sur un trône, refusant la demande de Vénus en faveur d'Énée, et donnant à Mercure l'ordre d'engager Didon à ne pas éloigner les Troyens de l'Afrique.

Du côté gauche, sont deux petits bas-reliefs représentant, l'un, Énée consolant les Troyens et leur promettant un plus bel avenir; l'autre, Énée et Achate rencontrant Vénus en chasseresse, qui leur fait voir les Cygnes blancs.

Du côté droit, deux petits bas-reliefs font voir, l'un, Didon, reine de Carthage, assise sur un trône et accompagnée de ses gardes, donnant audience aux Troyens ; l'autre, Didon recevant Énée dans l'intérieur de ses appartemens.

Dans la bordure, en bas, est un grand bas-relief représentant, à gauche, Énée et Achate se promenant dans le temple de Junon; à droite, Didon recevant Énée dans ses appartemens, et lui témoignant toutes les bontés d'une amie.

36 *Les trois Grâces.*

Cette pièce, gravée d'après un bas-relief antique, représente les Grâces que les Grecs nommèrent *Charites*. Ces trois Divinités étaient filles de Jupiter; elles présidaient aux bienfaits et à la reconnaissance. Leur culte était réuni à celui des Muses et de Vénus, parce que les talens et la beauté ne peuvent plaire sans les Grâces.

Leur visage est animé d'une *joie décente*, pour exprimer le plaisir qu'éprouve celui qui rend service; *leur jeunesse* démontre que le souvenir des bienfaits ne doit jamais vieillir; *vives et légères*, elles font voir qu'obliger promptement, c'est obliger deux fois; la manière dont elles *se tiennent par les mains* indique les nœuds formés par la reconnaissance; enfin *elles dansent en rond*, parce que les bienfaits doivent circuler sans cesse et revenir à la source d'où ils partent.

Cette pièce est fort recherchée; il serait difficile de rencontrer une épreuve aussi belle et aussi bien conservée.

37 *Danse d'Amours.* Épreuve de la planche rare.

Deux Amours et sept autres Enfans dansent en rond en se tenant par la main. Cette jolie composition est gravée d'après Raphaël, avec une finesse et un goût si purs, que Marc-Antoine n'a rien fait de plus précieux : c'est une des pièces les plus rares de l'œuvre.

Ce sujet a été gravé une seconde fois par Marc-Antoine, de la même grandeur et dans le même sens; mais cette seconde planche est bien inférieure à la première.

38 *La Peste.*

Ce morceau, auquel on a donné le nom de *Morbetto*, est assez rare et fort recherché. Les différentes scènes

de cette composition nous retracent les malheurs
de cette funeste maladie, et font bien ressentir l'horreur qu'elle doit inspirer ; sur le devant, un homme
debout empêche un enfant de prendre le sein de sa
mère expirante.

L'inscription qu'on lit sur le piédestal est un vers
de Lucrèce, dans sa description de la peste d'Athènes
et qu'on peut traduire ainsi : « *Avant de rendre le dernier soupir , ils traînaient par les rues un corps cada-
véreux* ».

Cette épreuve est tellement vigoureuse, qu'il serait
impossible d'en trouver une plus colorée et mieux
conservée.

AUGUSTIN MUSIS, dit *AUGUSTIN VÉNITIEN*,
né à Venise vers 1490 ; mort à Rome vers 1540.

39 *Sainte Famille.*

La Vierge soutient l'Enfant-Jésus qui descend de
dessus ses genoux, pour jouer avec Saint Jean-Baptiste, debout auprès d'elle, et soutenu par un Ange :
à droite, un autre Ange est en adoration, au bas, on
voit la marque A V. On croit cette pièce gravée
d'après le dessin de Francia.

Augustin Vénitien, élève de Marc-Antoine, a suivi
sa manière au point qu'il a quelquefois été confondu
avec son Maître ; cependant il lui est inférieur dans la
correction du dessin. Les pièces gravées par Augustin
Vénitien passent le nombre de 180.

40 *Saint Michel.*

Saint Michel debout tient sous ses pieds le démon :
il a la main droite armée d'une lance, et porte l'autre
main sur la poignée de son épée. Cette pièce est gravée d'après Raphaël.

On voit en bas, à droite, les lettres A V.

LUCAS DE LEYDE, Peintre et Graveur, né en
1494 à Leyde, où il mourut en 1533.

41 *L'Adoration des Mages.*

La Vierge assise soutient l'Enfant-Jésus debout sur
ses genoux ; à côté d'elle est Saint Joseph ; au milieu
de l'estampe, un des mages à genoux présente à
l'Enfant-Jésus de l'or, dans un vase dont il a enlevé le
couvercle ; les autres mages tiennent également leur
offrande dans des vases. Au bas, sur la gauche, on
voit la lettre L, et à droite l'année 1513.

En - même - temps que Marc-Antoine Raimondi
s'occupait en Italie de nous transmettre les chefs-
d'œuvre de Raphaël, et qu'Albert Durer en Allemagne s'élevait au-dessus de tous les Graveurs qui
l'avaient précédé, Lucas de Leyde se montrait leur
digne émule en Hollande. Ainsi qu'Albert Durer, il
était Peintre, et n'a jamais travaillé que sur ses dessins.
Son style est un peu gothique et son dessin peu correct, mais ses têtes ont une belle apparence, son
burin est fin, sa touche est spirituelle ; il a su dégra-
der ses lointains de manière à rendre dans ses gravures
la perspective aërienne, si nécessaire pour faire connaître l'éloignement des objets.

Dès l'âge de neuf ans, Lucas s'adonna à la gravure,
et à quatorze ans il grava une pièce qui fit remarquer
son talent extraordinaire. On connaît de lui plus de
174 planches.

42 *L'Espiègle.*

Cette composition, qui représente la marche d'une
pauvre Famille, a reçu le nom de *l'Espiègle*, à cause
de l'enfant qui a la tête couverte d'un capuchon et un
Hibou perché sur son épaule : il porte une cruche
d'une main et tient un bâton de l'autre.

Sa rareté excessive est cause du prix qu'on y attache; mais sans doute aussi d'autres motifs, qui nous sont entièrement inconnus, l'ont fait rechercher depuis long-temps, puisqu'on en connaît trois copies anciennes, et que sur l'une d'elles, gravée en 1644, on lit qu'à cette époque la planche était perdue, et que les épreuves se vendaient 50 ducatons : (environ 300 francs).

JULES BONASONE , Peintre et Graveur , né à Bologne en 1498; mort à Rome en 1564.

43 *Clélie traversant le Tibre.*

Clélie, l'une des filles romaines données en ôtage à Porsenna, lorsqu'il mit le siége devant la ville de Rome, l'an 507 avant J.-C. , parvint à s'échapper du camp ennemi, et traversa le Tibre à la nage. Le peuple romain, craignant les malheurs que pouvait lui attirer ce manque de foi, fit reconduire la jeune héroïne au camp de Porsenna ; mais le Prince, admirant une action si noble , renvoya Clélie en lui faisant présent d'un beau cheval, et en lui accordant la permission d'emmener avec elle, celles de ses compagnes qu'elle voudrait choisir.

Quelques personnes ont prétendu , que cette pièce était gravée d'après Polidore de Caravage; mais on peut, avec plus de raison, en attribuer l'invention à Rosso. On lit au bas l'inscription : *IV. Bonaso. imitando pinsit et celavit.*

Bonasone, élève de Marc-Antoine, n'a jamais acquis la pratique d'un burin délicat, ni la science de bien conduire les hachures; il semble qu'il ait plutôt désiré faire connaître des sujets intéressans par leur composition, que cherché à rendre des figures dessinées correctement : il a aussi négligé les accessoires, ce qui donne à ses pièces une sécheresse souvent désagréable. Son œuvre monte à plus de 350 pièces, dont une grande partie gravée d'après ses propres compositions.

BARTHELEMY BEHAM, né à Nuremberg vers 1502; mort à Rome vers 1540.

44 Portrait de l'Empereur Charles V.

Charles V, né à Gand en 1500, Roi d'Espagne à l'âge de 16 ans, devint Empereur en 1519. Rival de François I.ᵉʳ, ces deux Princes, sans cesse en guerre l'un contre l'autre, se firent remarquer en plusieurs occasions par leur valeur. En 1555, Charles V abdiqua la couronne d'Espagne en faveur de Philippe II, son fils, et l'année suivante il céda l'empire d'Allemagne à son frère Ferdinand. Ce monarque, qui avait été si orgueilleux pendant son règne, se retira dans le monastère de Saint-Just en Castille, et y mourut en 1558.

Son Portrait, vu de trois quarts et tourné vers la droite, paraît d'une grande ressemblance; il donne une haute idée du talent de Barthélemy Beham, qui s'est également distingué dans la peinture et dans la gravure. L'inscription qui est au bas indique que ce Portrait représente l'Empereur à l'âge de 31 ans, et lui donne une origine divine.

45 Portrait de l'Empereur Ferdinand I.ᵉʳ

Ferdinand I.ᵉʳ, né à Médine en Castille, dans l'année 1503, succéda à son frère Charles V, en 1558. Ce Prince, sage et modéré, voulait tâcher de réunir à l'Eglise la secte qui suivait le parti de Luther; il allait obtenir du pape Pie IV l'usage de la communion sous les deux espèces, lorsqu'il mourut en 1564. Il avait espéré, par cette innovation, faire cesser le schisme qui existe encore aujourd'hui.

Ce Portrait est le pendant de celui dont nous venons de parler. L'inscription qui est au bas donne aussi des éloges à ce Prince, qui était âgé de 29 ans lorsqu'il fut gravé en 1532.

Thierry Van Staren, vivant en Hollande, de 1522 à 1544.

46 *Le Déluge.*

Cette gravure représente l'espèce humaine périssant sous les eaux du Déluge, et l'Arche dans laquelle fut sauvée la famille du patriarche Noë: c'est une des plus grandes et des plus riches compositions qui se trouvent parmi les ouvrages des vieux-Maîtres. Sur le devant, à gauche, on voit l'année 1544, et une marque qui est celle de l'Artiste, quoiqu'elle ne paraisse pas d'abord avoir d'analogie avec son nom.

Par la corruption des noms et les changemens de prononciation, dans les différentes langues et dans les différens siècles, le nom latin *Theodoricus* est devenu *Thierry* en français, *Dirk* en flamand, et *Rodrigue* en portugais ; de manière que la lettre D indique bien en flamand le prénom *Thierry*, la lettre V marque la préposition *Van*, et l'étoile qui se dit *Staren* en flamand, est le nom propre de notre Artiste, sur le compte duquel on n'a aucun renseignement, et dont on ne connaît que 20 pièces.

George Ghisi, né vers 1520, à Mantoue ; mort vers 1580.

47 *L'Amour et Psyché.*

Elève ou du-moins imitateur de Marc-Antoine Raimondi, ce Graveur, savant dans le dessin, a publié près de 80 pièces, dont quelques-unes peuvent être

placées à côté de celles de son modèle. Parmi celles-
ci on remarque l'Amour et Psyché couronnés par
l'Hymen, gravés d'après Jules-Romain, en 1574.

HENRI GOLTZ, ou *GOLTZIUS*, né en 1558, à
Mülbrecht, dans le duché de Juliers; mort
à Harlem en 1617.

48 *Portrait de Goltzius.* Epreuve avant la lettre.

Ce portrait en buste, de grandeur naturelle, représente le Graveur lui-même : il est vu de face, une
calotte sur la tête, une fraise autour du cou, et vêtu
d'un habit bordé de fourrure.

Cet Artiste, qui fait honneur à la Hollande, a
gravé plus de 300 pièces, parmi lesquelles plusieurs
sont très-recherchées, soit à cause de leur beauté,
soit simplement pour leur rareté.

49 *Un Enfant voulant monter sur un Chien.*

Le Fils de Théodoric Frisius, Peintre hollandais,
jouant avec un Chien et un oiseau de proie. Ce portrait
assez rare est une des pièces les plus recherchées de
l'œuvre de Goltzius; et on peut regarder avec admiration, la souplesse et la vigueur du burin dont cet
habile Artiste a souvent fait preuve.

PIERRE DE JODE le père, né en 1570, à Anvers,
où il mourut en 1634.

50 *Jésus-Christ chez Nicodème.*

Nicodème, Juif de nation, et de la secte des Phari-
siens, pensant que Jésus était le Messie promis par
les Écritures, alla le trouver la nuit pour apprendre
de lui la voie du salut. Après cet entretien, il suivit
les maximes de J.-C., et, dans une assemblée des
principaux d'Israël, il le défendit contre les Prêtres qui

voulaient le faire arrêter; puis il se déclara ouvertement son disciple, lorsqu'avec Joseph d'Arimathie il vint rendre les derniers devoirs au corps de N. S.

Nicodème ayant reçu le baptême, et les Juifs l'ayant appris, ils le déposèrent de la dignité de Sénateur; quelques-uns même voulaient le faire mourir: mais, en considération de Gamaliel, son parent, on se contenta de le priver de ses biens et de le chasser de Jérusalem.

Cette scène de nuit, gravée d'après Gérard Seghers, est d'un effet assez piquant, et donne une bonne idée de la couleur brillante du tableau.

Boëce de Bolswert, né à Bolswert en Frise, vers 1580.

51 *Le Calvaire*. Epreuve avant la lettre.

Jésus-Christ ayant été crucifié entre deux larrons, et les Juifs, craignant que les corps ne restassent exposés le jour du Sabat, demandèrent à Pilate de hâter leur mort en leur faisant briser les jambes. Les soldats chargés d'exécuter cet ordre, « s'apercevant que Jésus était déjà mort, ils ne lui rompirent pas les jambes; mais l'un d'eux lui ouvrit le côté avec une lance, et il en sortit du sang et de l'eau ».

La Vierge et Marie-Magdeleine, accompagnées de Saint Jean, sont au pied de la croix. Cette estampe est gravée d'après Rubens; l'épreuve est avant la lettre et aussi avant l'inscription au-dessus de la tête du Christ.

Schelte de Bolswert, né en 1586 à Bolswert en Frise; mort à Anvers, vers 1670.

52 *Le Couronnement d'épines.*

Jésus-Christ, assis, les mains liées, et couronné

d'épines, reçoit un roseau de la main d'un de ses bourreaux ; tous le saluent, et, par dérision, l'appellent *Roi
des Juifs*. Cette pièce, gravée d'après Van Dyck,
donne une haute idée du talent du Graveur, qui a su
faire une estampe superbe, d'après un tableau qui laisse
quelque chose à désirer.

Quoique cet habile Graveur sût manier le burin avec
beaucoup d'assurance et de liberté, il n'a jamais cherché à montrer des tailles fermes et hardies : il a
plutôt tâché d'imiter le vague de l'eau-forte ; mettant
tous ses soins à rendre avec précision les beautés que
lui offrait son original ; ne craignant pas, pour parvenir à l'effet, de confondre ses travaux ; cherchant
toujours le pittoresque plutôt que ce qu'on nomme
la beauté de la gravure, et la rendant d'autant plus
belle en effet, qu'il s'occupait moins d'en ménager
l'apparence.

Schelte a gravé plus de 200 pièces, dont plusieurs
grands sujets historiques, quelques portraits et quelques paysages.

53 *Silène et l'Abondance.*

Cette composition allégorique de Jacques Jordaens
n'est remarquable que par la couleur : Bolswert a su,
par un burin brillant, rendre le mérite principal du
tableau. La rareté de cette pièce a contribué également
à la faire rechercher.

PAUL PONTIUS, né à Anvers, vers 1590.

54 *Présentation de Jésus – Christ au Temple.*
Epreuve avant les rayons.

Chez le peuple Juif l'usage était que, six semaines
après l'accouchement, la mère vînt au temple présenter son enfant et s'y purifier ; la Vierge ne voulut

pas se soustraire à cet usage religieux, et l'Église en a
conservé le souvenir dans la fête célébrée le 2 Février,
sous le nom de *Présentation de J.-C.* et de *Purifi-
cation de la Vierge :* l'Évangile nous apprend que,
lors de cette cérémonie, le vieillard Siméon ayant pris
l'Enfant-Jésus entre ses bras, chanta un cantique dans
lequel il remercia Dieu, en disant : *Mes yeux ont vu
le Sauveur.* C'est cet instant que Rubens a représenté
dans son tableau.

Quoique Pontius ait montré beaucoup de talent
dans les sujets historiques qu'il a gravés, il est bien
plus célèbre encore par le grand nombre de ses portraits. Élève de Vorsterman pour la gravure, il travailla sous les yeux et d'après les conseils de Rubens,
dont il partageait l'amitié avec Schelte de Bolswert,
son condisciple.

55 *Portrait de Rubens.* Epreuve avant les angles couverts de hachures.

Pierre-Paul Rubens, Peintre, né à Cologne en 1577,
occupe dans l'école flamande un rang semblable à
celui de Raphaël dans l'école d'Italie. Né d'une bonne
famille, ayant reçu une excellente éducation, sa fortune répondit à ses talens. Il eut la gloire de former
un grand nombre d'élèves, parmi lesquels se trouve
Antoine Van Dyck, qui devint bientôt son émule.
C'est aussi à l'école de Rubens que se sont formés les
meilleurs Graveurs flamands, et entr'autres Paul Pontius, qui a gravé ce portrait d'après le Tableau peint
par son maître.

56 *Le Roi boit.* Epreuve avant la lettre.

Le titre de cette pièce suffit seul pour expliquer
cette scène familière. On voit à table un chef de
famille, avec une grande barbe, ainsi qu'on en portait

en Flandre dans le xvii.ᵉ siècle, et à qui le sort a fait
tomber la part du gâteau dans laquelle se trouvait la
fève, marque de sa royauté. Auprès de lui sont ses
enfans et petits-enfans, qui, par leurs cris, démontrent
qu'un peu d'ivresse vient augmenter leur gaîté.

Jacques Jordaens, d'après lequel cette Estampe est
gravée, n'a pas dédaigné d'abandonner un moment
les compositions nobles et élevées pour peindre un
sujet comique , où l'on remarque une franchise
étonnante.

Etienne Baudet, né à Blois, en 1598; mort à
Paris en 1691.

57 *Le grand Escalier de Versailles.*

Il existait au château de Versailles, dans l'aile où est
maintenant la petite salle de spectacle, un grand escalier éclairé par le haut, et dont la voûte était ornée de
peintures allégoriques , à la gloire de Louis XIV. Les
Muses, accompagnées de Minerve et de la Renommée,
semblent s'empresser à l'envi de publier les hauts-
faits de ce monarque ; les Beaux-Arts et la Poésie se
réunissent pour immortaliser son règne et montrer
aux quatre parties du monde tout ce qu'il a de glorieux.

Le Brun était l'auteur de ces peintures, qui ont été
détruites en 1754, et que les gravures de Baudet sau-
vent de l'oubli.

Antoine Van Dyck, Peintre, né à Anvers,
en 1599; mort à Londres, en 1641.

58 *Ecce Homo.* Epreuve avant les mots *cum pri-
vilegio.*

Jésus-Christ présenté au peuple, couronné d'épines,
et tenant un roseau à la main ; sujet gravé à l'eau-
forte, par Van Dyck, d'après sa propre composition.

On remarque dans cette pièce autant d'esprit que de facilité, un effet très-piquant et une exécution parfaite, qui font voir combien ce Peintre était habile coloriste.

Van Dyck, élève de Rubens, s'est fait remarquer par plusieurs beaux tableaux d'histoire ; mais il jouit encore d'une plus grande renommée comme peintre de portraits, et il serait le plus habile en ce genre, si le Titien ne lui disputait la palme.

CLAUDE GELÉE, dit *CLAUDE-LORRAIN*, Peintre, né en 1600, à Chamagne en Lorraine ; mort à Rome, en 1682.

59 *Vue du Campo Vaccino*. Epreuve avant l'inscription qui couvre toute la marge du bas, et avant qu'on ait effacé celle qui se voit à droite.

Cette vue du Campo Vaccino à Rome, est prise du Capitole ; à droite, on voit une partie de l'Arc de Septime-Sévère, et à gauche les trois colonnes, seul reste du Temple de Jupiter Stator.

Né de parens pauvres, Claude fut mis en apprentissage chez un pâtissier, et n'alla à Rome que pour y exercer son état. Entré au service de Taxi, Peintre de paysages, il prit du goût pour cet art, et travailla avec tant d'assiduité qu'il parvint à être le premier des paysagistes : il ne peignait jamais d'après la nature, mais il l'étudiait souvent, et savait si bien rendre ce qu'il avait vu, qu'on distingue dans ses tableaux l'heure du jour, la dégradation des objets suivant leur distance, les vapeurs de l'horison. Claude-Lorrain a gravé à l'eau-forte 33 planches, dans lesquelles on retrouve autant de savoir que dans ses tableaux.

Jonas Suyderhoef, né à Leyde, vers 1600.

60 *Les quatre Bourguemestres.* Epreuve avant les noms du Peintre et du Graveur.

> Les Bourguemestres d'Amsterdam, réunis dans une des salles de l'Hôtel-de-ville, reçoivent la nouvelle de l'arrivée de la Reine Marie de Médicis.
>
> Théodore Kayser, dans le tableau original et de même grandeur que cette estampe, avait su vaincre une grande difficulté en représentant cinq personnes vêtues de noir; mais il était encore plus difficile de donner de l'effet et du brillant à une estampe semblable : c'est pourtant à quoi est parvenu Suyderhoef dans cette pièce, qui est son chef-d'œuvre.
>
> On ne connaît que 4 épreuves avec la remarque.

61 *Portrait de Femme.*

> Une femme, vue de trois quarts, tournée vers la droite, ayant sur la tête un bonnet de gaze noire et une fraise autour du cou. Ce beau portrait, dont le nom est inconnu, fait honneur à la pointe de Suyderhoef; le travail de ce Maître ne ressemble pas à celui de ses contemporains. Il avançait beaucoup ses gravures avec l'eau-forte, et ne cherchait point la régularité dans ses travaux; mais, avec des points et des tailles courtes, jetées pour ainsi dire au hasard, il a donné à ses gravures un effet très pittoresque, dans lequel on retrouve la couleur brillante et vigoureuse des Peintres hollandais et flamands.

62 *Portrait de David Nuyts.* Epreuve avec le legs.

> Ce Personnage, vu de trois quarts, tourné vers la droite, est tête nue, ayant une fraise autour du

cou : il est vêtu d'un pourpoint avec une rangée de petits boutons.

Au bas est une inscription en vers hollandais, dans laquelle on fait l'éloge de M. Van Nuyts, et où l'on vante les vertus et la charité de cet homme de bien par excellence, qui par son testament du 13 Août 1631, légua aux pauvres de différentes villes de Hollande, en actions sur les compagnies des Indes-Orientales et Occidentales, des sommes dont le total est de quarante-trois mille florins de revenu, et qui formaient un capital estimé 176,310 florins (environ 320,000 francs).

Le Portrait fut gravé en 1645, par ordre des Aumôniers de Leyde, ses exécuteurs testamentaires.

Les épreuves avec le legs sont très-rares.

LUCAS VORSTERMAN le vieux, né à Anvers, vers 1590.

63 *Le Christ mort.* Epreuve avant toutes lettres.

Jésus-Christ, descendu de la croix, est en partie posé sur les genoux de la Vierge. A droite, deux Anges, dont un à genoux, et un petit enfant qui est auprès d'eux, témoignent leur profonde affliction.

Vorsterman, élève de Rubens pour la Peinture, quitta cet art pour se livrer entièrement à la Gravure; il s'y est particulièrement distingué par le caractère et le sentiment des têtes, par la finesse de ses travaux, par la légèreté du burin qu'il a su employer quelquefois de manière à imiter la liberté de l'eau-forte; enfin, par la couleur et la lumière qui se trouvent dans ses estampes.

Le tableau original, de même grandeur que l'estampe, se voit dans la Galerie du Musée.

Les épreuves ordinaires ont une inscription de six
vers latins en deux lignes, et au-dessous, une dédicace qui forme une troisième ligne. On recherche
avec soin les épreuves avant la dédicace : cette
épreuve avant toutes lettres est unique.

CLAUDE MELLAN, né à Abbeville, en 1601 ; mort
à Paris, en 1688.

64 *Saint Pierre Nolasque.*

Saint Pierre Nolasque naquit en Languedoc, à une
lieue de Castelnaudary, vers 1190, de famille noble ;
il perdit son père à l'âge de 15 ans, et prit alors parti
dans la croisade de Simon, comte de Montfort, contre
les Albigeois. Le Roi d'Arragon, D. Pèdre II, ayant été
tué, et son fils, âgé de sept ans, ayant été fait prisonnier,
Pierre Nolasque fut nommé gouverneur du jeune Roi.
Simon de Montfort ayant, un an après, rendu la liberté
à Jacques I.ᵉʳ, Roi d'Arragon, Pierre Nolasque ac-
compagna son élève à la cour de Saragosse. Il y vécut
toujours avec la régularité d'un religieux, et devint fon-
dateur de l'ordre de *Notre-Dame de la Mercy*, *pour
la rédemption des captifs.* Pierre et un autre gentil-
homme furent les premiers rédempteurs que l'Ordre
envoya pour racheter les esclaves chrétiens qui étaient
entre les mains des Maures. Pierre Nolasque vint
en France, en 1243, visiter le Roi Saint Louis, et
se concerter avec ce pieux monarque pour la déli
vrance des esclaves, pendant la croisade qu'il projet-
tait ; mais l'état de maladie dans lequel tomba Pierre
Nolasque empêcha l'exécution de son projet. Il vécut
encore quelques années ; et n'étant plus libre de faire
aucun mouvement, on dit que des Anges le portaient
au chœur afin qu'il assistât à l'office avec ses religieux.
Sa mort arriva en 1256.

La vie régulière de Pierre, et les miracles qui s'opé-
rèrent après sa mort, firent demander sa canonisation,
qui eut lieu en 1628. C'est vers ce temps et pendant
son séjour à Rome, que Mellan a gravé cette planche ;
le vaisseau sur lequel il l'envoyait en France ayant
péri, il n'en est resté que peu d'épreuves.

CORNEILLE BLOEMAERT, né à Utrecht, en 1603 ;
mort à Rome, en 1680.

65 *Résurrection de Tabithe.*

« Une sainte veuve nommée Tabithe étant venue à
mourir, les personnes qu'elle assistait pleuraient abon-
damment. Saint Pierre voyant leur affliction, se mit en
prière et dit : *Tabithe, levez-vous ;* aussitôt cette
femme fut rappelée à la vie. Ce miracle ayant été
répandu dans la ville de Joppé, plusieurs crurent au
Seigneur ».

Cette pièce, gravée d'après Le Guerchin, est un
chef-d'œuvre où l'on trouve réuni ce que le burin
peut offrir de plus doux et de plus gracieux.

Bloemaert doit être regardé non seulement comme
chef d'une bonne école, mais comme créateur d'une
nouvelle manière qui eut par la suite beaucoup d'imitateurs. Avant lui, un graveur, en rendant une composition, cherchait seulement à mettre dans son dessin
toute la correction possible ; mais Bloemaert parvint à rendre le clair-obscur et presque la couleur
du tableau. Sa manière, cependant, n'est pas
exempte de défauts ; il a souvent un peu de mollesse,
et il n'a pas su donner à ses travaux la variété que
l'on rencontre dans la gravure de ses successeurs.

Il a la gloire d'avoir été le maître et le modèle
de Natalis, Chasteau, Pitau et Poilly.

REMBRANDT VAN RHIN, Peintre et Graveur, né en 1606, dans un moulin près de Leyde, mort à Amsterdam, en 1674.

66 *Jésus-Christ présenté au Peuple.* Epreuve avant les contre-tailles sur le visage de celui qui présente le roseau à J.-C.

Cette pièce est une des plus grandes et des plus belles compositions de Rembrandt : la tête du Christ ne manque pas de noblesse, mais la plupart des autres sont triviales et même ignobles : cependant cette estampe montre le plus grand talent et une entente parfaite du clair-obscur. Il ne faut point y chercher le brillant et le charme de la gravure au burin, ni la finesse et la légèreté des eaux-fortes; le travail est fait sans goût, sans art, les travaux sont mêlés, les tailles s'embrouillent de manière à ce qu'il est impossible en quelque sorte de suivre un semblable modèle : aussi, parmi les nombreux imitateurs de Rembrandt, aucun n'est parvenu à l'égaler, et plusieurs ont fait voir qu'ils avaient pris une route dans laquelle ils s'égaraient, parce qu'au-lieu de suivre leurs propres idées, ils avaient voulu marcher sur les traces d'un génie singulier.

Cet Artiste, également célèbre en peinture et en gravure, s'est montré original dans l'un et dans l'autre de ces Arts; le clair-obscur est surtout la partie dans laquelle il s'est distingué.

Ses tableaux sont toujours très-chers et ne se rencontrent que difficilement; il n'en est pas de même de ses gravures, qui sont au nombre de 378, et dont beaucoup de pièces se trouvent fréquemment : cependant d'autres sont très-rares, et quelques-unes même introuvables. Son goût pour l'argent lui donna l'idée

de vendre à des amateurs des épreuves de ses planches
avant d'être terminées, ou bien en y faisant quelques
légers changemens ; soit que par ce moyen il les vendît
plus cher, soit seulement qu'il en vendît un plus
grand nombre, puisqu'il se trouve en effet quelques
planches, dont on connaît dans le même œuvre cinq,
six, et même sept états différens.

Excepté quatre ou cinq pièces, qui à la rareté
joignent le mérite de la beauté, les autres gravures les
plus rares sont des études ou des griffonis presque
sans mérite, et dont la planche a été brisée par Rembrandt mécontent de son travail. Il se trouve aussi des
pièces dont le prix est très-élevé, quoiqu'on les voye
assez fréquemment ; mais alors la beauté de l'épreuve
et sa conservation causent cette différence énorme.

JEAN **L**IEVENS, né en 1607.

67 *Portrait de Vondel.* Epreuve avant la lettre.

Juste Vondel, poète hollandais, né en 1587, mourut en 1679. Il quitta la secte des Anabaptistes dans
laquelle il était né, pour embrasser la religion catholique.

Destiné au commerce, il abandonna à sa femme le
soin de sa maison pour se livrer entièrement à l'étude
de la littérature, ce qui nuisit beaucoup à sa fortune
et lui occasionna bien des chagrins.

Ses œuvres ont été imprimées en 9 vol. in-4.º. On
trouve dans ses pièces de l'imagination et du brillant,
mais peu de méthode ; ses tragédies pèchent toutes
par le plan : cependant, il occupe un rang élevé dans
la littérature hollandaise, et il est regardé comme le
Shakespeare de ce pays.

Lievens, élève de Rembrandt, dessinait plus correctement que lui : cherchant à imiter la manière de gra-

ver de son maître, il s'en est formé une particulière, employant la pointe ou le burin, sans qu'on puisse voir ce qui le déterminait à donner la préférence à l'un ou à l'autre de ces outils.

WENCESLAS HOLLAR, né à Prague, en 1607; mort à Londres, en 1677.

68 *La reine de Saba venant visiter Salomon.* Première épreuve avec les Portraits dans le haut de la planche.

Cette Gravure représente le Tableau de Paul Véronèse placé sur le parquet de la galerie de l'Archiduc Léopold : au-lessus, on aperçoit les portraits qui ornent cette belle galerie.

Cette planche, que l'on voit ici dans son premier état, fut ensuite coupée de quatre pouces sur la largeur et de trois sur la hauteur, afin de pouvoir entrer dans le recueil des tableaux du cabinet de l'Archiduc Léopold, publié en un volume in-folio.

69 *La Cathédrale d'Anvers.* Épreuve avec une seule ligne d'écriture.

Notre-Dame d'Anvers fut érigée en cathédrale en 1559; elle est remarquable par sa beauté et sa richesse, et surtout par une flèche de 452 pieds de hauteur, dont les ornemens en pierre à jour sont d'une légèreté et d'une délicatesse extraordinaires.

L'église fut commencée en 1442 par l'architecte Jean Amelin, et consacrée deux ans après; mais elle ne fut terminée qu'en 1517. Presqu'entièrement brûlée en 1533, elle fut promptement rétablie par les libéralités de Philippe II, Roi d'Espagne, qui y tint un chapitre de l'ordre de la toison d'or, le 21 janvier 1556.

JEAN-GEORGE VAN VLIET, né en Hollande, vers 1610.

70 *Loth et ses Filles.* Epreuve avant les tailles diagonales dans le fond.

Les habitans de Sodome ayant encouru la malédiction de Dieu, Loth, qui habitait cette ville, s'en éloigna avec sa famille; sa femme ayant été pétrifiée à la vue du feu céleste qui embrâsa la ville d'où elle sortait, Loth se réfugia seul avec ses deux filles sur la montagne, et là il s'enivra.

La suite de cette histoire est assez connue, et chacun sait que ce patriarche donna naissance à deux grands peuples, les Moabites et les Ammonites.

Vliet, élève de Rembrandt, a gravé cette scène d'après sa propre composition, et avec les licences que se sont souvent permises les peintres de l'école de Rembrandt, qui ne surent jamais s'astreindre à suivre les costumes ni les convenances.

Cette épreuve, d'une grande fraîcheur, est remarquable en ce qu'elle est avant les tailles diagonales dans le fond, à droite.

CORNEILLE VISSCHER, né en Hollande vers 1610.

71 *Le Vendeur de mort-aux-rats.* Epreuve avant la lettre.

Il est fâcheux sans doute qu'un des meilleurs Graveurs ait traité un sujet aussi trivial; mais il l'a rendu avec tant de vérité, l'expression de la physionomie du vieillard est si naturelle, celle du jeune garçon qui le regarde exprime si bien la fraîcheur de cet âge, qu'on admire le talent du Graveur, sans s'apercevoir de ce que cette composition présente de peu agréable.

Corneille Visscher, à qui l'on pourrait accorder la
palme de la gravure, s'est montré grand coloriste dans
tous ses ouvrages; il a su allier avec la plus parfaite intelligence les travaux du burin et ceux de l'eau-forte.

72 *Les Patineurs.* Epreuve avant les noms.

Les nombreux canaux de Hollande facilitent le commerce en été ; pendant l'hiver, ils sont également
utiles, et l'usage d'y faire de très-longues courses sur
la glace, donne l'habitude de se servir de patins,
non comme un plaisir, mais comme une nécessité.
Cette gravure nous représente, dans une journée d'hiver, des hommes, des femmes et des enfans réunis
dans une tabagie, devant une cheminée; un fumeur,
tenant sa pipe d'une main et des pincettes de l'autre,
vient de se débarrasser de ses patins qui sont auprès
de lui.

Cette scène familière a été peinte par Adrien Van
Ostade, dont le pinceau vrai et la couleur brillante
sont si habilement rendus dans cette gravure.

73 *La Faiseuse de Koucks.* Epreuve avant le
nom de Clément d'Ionghe.

Une femme assise près d'une cheminée, est occupée
à faire des *koucks*, espèce de crêpes d'un usage assez
répandu parmi le peuple en Hollande : auprès d'elle
est assis un enfant qui va manger une crêpe qu'elle vient
de lui donner ; de l'autre côté est assis un vieux homme
qui, avec la pincette, a pris un charbon pour allumer
sa pipe. Une jeune fille, debout derrière eux, regarde
vers la porte de la chambre, où l'on aperçoit un homme
tenant un verre à la main.

Cette scène familière est connue dans le commerce
sous le nom de *fricasseuse*, et sous celui de *faiseuse
de koucks.* Corneille Visscher l'a gravée d'après ses

propres dessins : c'est un des meilleurs morceaux de ce Maître.

Les épreuves avant le nom de Clément d'Ionghe sont rares et fort chères.

74 *Portrait de Winius.* Epreuve avant l'écriture, sur le papier qu'il tient à la main.

Ce Portrait, connu dans le commerce sous le nom de *l'homme au pistolet*, et souvent appelé *Déonyszoon*, est celui d'André Winius, fils de Denis. On ne connaît aucune des particularités de sa vie ; seulement, on le croit né en Hollande, vers 1600 : il passa de bonne heure au service de Russie.

L'inscription et les vers qui sont au bas de son Portrait, disent qu'il fut Consul du Czar de Russie, gouverneur en Moscovie, chargé de la défense des côtes pendant la guerre entre cette puissance et la Suède, puis envoyé extraordinaire en Hollande, où il a toujours montré de grandes connaissances et beaucoup de zèle pour la gloire de son souverain.

75 *Portrait de Guillaume de Ryck.* Epreuve avant la lettre.

Guillaume de Ryck, oculiste à Amsterdam, paraît avoir eu une grande célébrité de son vivant, par ses cures nombreuses et étonnantes ; mais n'ayant publié aucun ouvrage et n'ayant fait aucune découverte, son nom n'est point connu en médecine.

76 *Portrait de Gelius de Bouma.* Epreuve avec le livre blanc.

Ce Ministre du saint Evangile de l'église de Zutphen, dans le Duché de Gueldre, était âgé de 77 ans, et avait 55 années d'exercice lorsqu'on fit son portrait, vers 1650.

Deux quatrains, l'un en vers latins, et l'autre en vers hollandais, vantent son génie et ses talens, qui furent employés à enseigner les vertus évangéliques.

Ce Portrait, l'un des plus recherchés de l'œuvre de Visscher est, ainsi que celui de De Ryck, connu dans le commerce sous la dénomination de *Grande-barbe*. Les épreuves avec le livre blanc sont extrêmement rares.

MARC DE BYE, Peintre et Graveur, né à La Haye, vers 1612; mort vers 1670.

77 *Veau couché.*

Elève de Vander Does, Marc de Bye embrassa l'état militaire, ce qui ne l'empêchait pas de cultiver les arts : comme Peintre, sa réputation n'est pas très-étendue; mais il a gravé à l'eau-forte 106 pièces, dans lesquelles on admire une légèreté de pointe extraordinaire, ainsi qu'une grande vérité dans l'expression qu'il a su donner à ses animaux.

La plupart de ses eaux-fortes sont gravées d'après Paul Potter.

78 *Brebis couchée.*

Cette pièce est gravée dans la même manière que la première, et lui sert de pendant.

79 *Deux cochons.*

Près d'un toit dont la porte est ouverte, on voit deux Cochons, dont l'un mange une plante assez forte qui se trouve sur le devant à gauche.

Le Prince ROBERT PALATIN, né vers 1619; mort à Springs-Garden, le 29 Novembre 1682.

80 *L'Exécuteur de Saint Jean-Baptiste.*

Un homme mal vêtu, vu à mi-corps et de profil,

tenant de la main gauche une épée et de l'autre une
tête qu'il regarde, et qui est celle de Saint Jean-Baptiste : on reconnaît ce sujet à la croix appuyée sur
l'épaule de l'exécuteur, et autour de laquelle est une
banderolle où sont écrits les mots, *Ecce agnus Dei.*

Sur la lame de l'épée, on voit les lettres R P, surmon-
tées d'une couronne et suivies de l'année 1658. Le
tableau original est de Ribera, dit l'Espagnolet.

Cette épreuve paraît unique.

Le Prince Robert a été regardé par quelques personnes comme l'inventeur de la *mezzotinte*, ou *manière
noire ;* mais il a seulement importé en Angleterre les
procédés que lui avait fait connaître Louis de Siegen,
pendant un voyage que ce Prince fit en Allemagne,
après la mort de Charles I.ᵉʳ.

GUILLAUME FAITHORNE le vieux, né en 1620, à
Londres, où il mourut en 1691.

81 *Portrait de Françoise Bridges, Comtesse
d'Exeter.*

La comtesse d'Exeter assise, vue à mi-corps, vêtue
de deuil, ayant un voile de gaze noire qui lui couvre
le front : Portrait d'une exécution admirable, d'un
style libre, fort de couleur, et l'un des plus beaux
gravé par Faithorne, d'après Van Dyck.

Indépendamment de sa beauté comme gravure et de
sa grande rareté, ce Portrait offre encore quelqu'intérêt à cause des malheurs qu'éprouva la comtesse d'Exeter. Mariée d'abord à sir Thomas Smith d'Abington,
secrétaire de Jacques I, elle épousa ensuite Thomas
Cécil, comte d'Exeter, qui mourut en 1622. Après
la mort de son second mari, elle fut faussement accu-
sée d'inceste avec son beau-fils le lord Ross ; cette
scandaleuse accusation fut encore accompagnée de
celle de sorcellerie, crime énorme à cette époque, et

enfin de tentavive d'empoisonnement contre ses accusatrices lady Ross, et sa mère, lady Lake.

Le Roi Jacques prit beaucoup de peines pour découvrir la vérité; il parvint enfin à connaître l'innocence de la Comtesse, et rendit un jugement qui condamna lady Lake et son mari à une amende de 1000 livres sterling au profit de l'État, et 500 au profit de la comtesse d'Exeter : il pardonna à lady Ross qui avait avoué son crime en pleine audience.

L'original de ce Portrait est dans la galerie de Strawbury : une épreuve de cette gravure a été vendue à Londres près de 500 francs, en 1797.

Faithorne, habile Graveur anglais, eut aussi des persécutions à essuyer. Ayant pris parti pour Charles I.er, il fut fait prisonnier par les rebelles. Ne voulant pas prêter serment à Cromwell, il se vit forcé de quitter sa patrie, et vint en France, où il se perfectionna dans la gravure en voyant les travaux de Nanteuil. Il eut pour protecteur l'abbé de Maroiles, dont la riche collection est le premier fondement du cabinet d'Estampes de la Bibliothèque du Roi : cette Epreuve lui a appartenu.

§2 Jean, Vicomte de Mordaunt.

Créé pair, le 10 Juin 1659, par Charles I.er, Roi d'Angleterre, le Vicomte de Mordaunt, un des royalistes les plus ardens pendant l'usurpation, fit plusieurs tentatives pour le rétablissement de Charles II : mis en jugement comme partisan de ce Prince, il montra beaucoup d'intrépidité dans cette circonstance, parvint à se dérober à l'évidence des preuves, et fut déclaré *non coupable;* mais après sa mise en liberté, il devint encore plus entreprenant. Son mérite lui suscita, par la suite, beaucoup d'ennemis, dont les calomnies le perdirent dans l'esprit de

Charles II, et il se trouva au nombre des royalistes en défaveur.

Il mourut le 5 Juin 1675, âgé de 48 ans, et laissa un fils devenu célèbre sous le nom de Comte de Péterborough.

Cette belle gravure est d'après un tableau de Van Dyck.

83 *Portrait de Marguerite Smith.* Epreuve avant la lettre.

Mariée d'abord à Sir Thomas Carye, elle épousa ensuite Sir Edouard Herbert, de la famille de lord Herbert, ambassadeur de France, auteur de plusieurs ouvrages, dont un sur la Vérité et la Religion.

Le Tableau original est peint par Van Dyck dans la collection de Warton.

BARTHOLOMÉ BRÉEMBERG, Peintre, né à Utrecht, vers 1620; mort en 1660.

84 *Deux petits Paysages sur une même Planche.*

La petitesse de cette planche a sans doute contribué à sa rareté, et ces deux causes en ont augmenté beaucoup la valeur : elle représente, du côté droit, une vue du château de *Buoncompagni*, près de *l'Acqua acetosa* au bord du Tibre; et de l'autre côté, une composition dans laquelle Bréemberg a réuni un tombeau qui se trouve à cinq milles de Rome sur la voie *Cassia*, et une fontaine qui est à côté de la *Villa* du Pape Jules, près de la porte du Peuple; sur le ciel, à gauche, est un chiffre composé de deux BB, marque ordinaire de l'Auteur.

On ignore quel fut le Maître de Bréemberg; mais il alla fort jeune en Italie : l'habitude d'y voir la belle nature, et la facilité d'étudier les grands Maîtres, donnèrent beaucoup de noblesse à ses compositions,

sans leur faire rien perdre du fini précieux qui distingue
l'École hollandaise.

LOUIS DE SIEGEN, né vers 1620.

85 *Portrait d'Amélie-Elisabeth de Hanau.*

Amélie-Elisabeth de Hanau épousa, en 1619, Guillaume V, Landgrave de Hesse-Cassel. Régente de ce
pays, elle le gouverna avec courage et intelligence
pendant toute la minorité de son fils, depuis 1637
jusqu'en 1650 ; elle mourut l'année suivante.

Le Portrait de cette Princesse, gravé en 1643, est
dédié à son fils Guillaume VI, alors âgé de 14 ans.

Cette gravure, dont l'aspect est peu flatteur, et dont
l'exécution ne présente rien d'agréable à l'œil, est d'un
grand intérêt, non-seulement à cause de sa rareté,
mais encore parce qu'elle est faite par l'inventeur de
la *manière noire*, Louis de Siegen, Officier au service
du Landgrave de Hesse-Cassel, et que sa date peut
servir à fixer la découverte de cette manière de graver.
Portée depuis par le prince Robert, en Angleterre,
la *manière noire* y fit beaucoup de progrès, et a été
exercée avec distinction sous le nom de *mezzotinte.*

RODERMONT, Graveur hollandais, vivant vers
1650.

86 *Siméon annonçant à Jacob la mort de son fils Joseph.*

Les frères de Joseph ayant voulu le faire périr, l'a-
bandonnèrent dans une citerne au milieu du désert ;
Siméon, l'aîné d'entr'eux, cherchant à lui sauver la
vie, proposa de le vendre, puis se chargea de venir
annoncer à Jacob leur père que Joseph avait été dévoré

par des bêtes sauvages. Il présente au patriarche la
robe de Joseph tachée de sang; au fond, à côté de
Jacob, est Rachel affligée d'une si pénible nouvelle, et
pressant affectueusement la main de Benjamin', le seul
enfant qui lui reste.

Maintenant qu'on suit rigoureusement le costume,
on sera étonné de voir le patriarche Jacob vêtu comme
un Visir, assis sur une espèce de trône du plus mau-
vais goût, et surmonté d'une draperie qui forme un
dais; le pasteur Siméon est nu-tête avec une ceinture
asiatique, et Benjamin porte l'élégant costume du
règne de Louis XIII avec une toque espagnole et une
plume; l'entrée de la pièce où se passe cette scène, est
une longue galerie gothique.

Dans le haut, à gauche, sont les lettres qui dési-
gnent le maître : on ne connaît que deux pièces de lui;
elles sont rares.

FRANÇOIS POILLY, né à Abbeville, en 1622; mort
à Paris, en 1693.

87 *Sainte Famille.* Epreuve d'essai.

Une des pièces les plus agréables de l'œuvre de Poilly
est la Sainte Famille qu'il a gravée d'après Raphaël,
et qui est connue sous le nom de la *Vierge au berceau.*

Dans cette épreuve, les terrasses du devant ne sont
que tracées; et pourtant les autres parties sont terminées; ce qui fait voir que les Graveurs de ce temps
n'avaient pas l'habitude de *rentrer* les tailles pour donner à la gravure le ton et l'harmonie nécessaires, mais
que du premier coup de burin, ils donnaient à leur
travail, la perfection qu'il devait avoir.

Le Tableau original fait partie du Musée : il fut
acheté par Louis XIV, et sortait du cabinet de M. de
Brienne. On croit qu'il avait été apporté en France

4

par Armand Gouffier, cardinal de Boissy, à qui Raphaël l'avait donné en reconnaissance des bons offices que ce prélat lui avait rendus auprès de François Ier

Fils d'un orfèvre, qui lui enseigna les premiers principes du dessin, Poilly vint à Paris pour apprendre la gravure : il entra chez P. Daret; mais il suivit plutôt la manière de Bloemaert, dont son maître était élève. La pureté de son dessin le plaça au premier rang et empêcha de faire attention à la froideur de son burin. Il a formé un grand nombre d'élèves, dont quelques-uns l'ont sans doute aidé, puisqu'on trouve plus de 400 planches qui portent son nom.

88 *Sainte Famille.* Epr. avant les contre-tailles sur le voile.

Cette Sainte Famille, gravée d'après Raphaël, porte quelquefois le nom du *Silence*, plus souvent encore celui de *la Vierge au linge*. La noblesse, la douceur et la sainteté se trouvent réunies à la beauté dans la tête de la Vierge : celle de Saint Jean exprime la joie, l'admiration et le respect.

Le fond représente une ruine antique près de la vigne Sachetti, du côté de Saint-Pierre de Rome.

Les Armoiries qu'on voit à gauche, sont celles du marquis de la Vrillière.

JEAN PESNE, né à Rouen, en 1623 ; mort à Paris, en 1700.

89 *Testament d'Eudamidas.* Epreuve avant les contre-tailles sur le bois de la lance placée le long du mur.

Eudamidas, citoyen de Corinthe, mourant sans

fortune, mais comptant sur ses amis, dicte son testament, et dit : *Je laisse ma mère à Arétée, afin qu'il
la nourrisse ; à Carixène, ma fille, afin qu'il la marie
et la dote autant qu'il le pourra.*

En ne considérant dans la gravure que l'agrément
des tailles, on est forcé de convenir que Pesne ne peut
être classé d'une manière avantageuse ; mais on lui
doit cette justice, que par un travail qui lui est particulier, il a su rendre parfaitement la sévérité et la
noblesse du Poussin, que la France met avec raison au
premier rang de ses Peintres.

90 *Portrait du Poussin.* Epreuve avant les noms
d'auteurs dans le fond du Tableau.

Nicolas Poussin, né aux Andelys, en Juin 1594,
vint de bonne heure à Paris, et fut reçu dans l'atelier
de Ferdinand Helle, Peintre de portraits. Il quitta
bientôt cette ville pour aller à Rome, où il habita
toute sa vie, à l'exception d'un voyage qu'il fit à Paris
en 1640. Il mourut à Rome le 19 Novembre 1665, après
avoir fait un grand nombre de tableaux, dont plusieurs jouissent de la plus haute réputation.

Raphaël en Italie, Rubens en Flandre, et Poussin
en France, sont les trois Peintres à qui la palme est
décernée sans partage ; et si Marc-Antoine a contribué à la gloire de Raphaël, et Boiswert à celle de
Rubens, Jean Pesne sut tellement saisir le caractère
des peintures du Poussin, qu'il s'est en quelque sorte
identifié avec elles, et que ses gravures ont toutes le
mérite des eaux-fortes faites par les Peintres eux-
mêmes.

Le Portrait du Poussin, peint par lui-même à Rome,
en 1650, fut envoyé par lui à M. de Chanteloup, son
ami.

Nicolas Berghem, Peintre, né à Harlem,
en 1624; mort en 1683.

91 *Le Joueur de Cornemuse.* Épreuve avant le
nom du Maître.

Au milieu d'un Paysage, un homme monté sur un
Ane, parle à un paysan qui porte une cornemuse; dans
le lointain, à gauche, on voit un Pâtre conduisant un
troupeau. Cette pièce, terminée à la pointe sèche, est
une des plus belles de l'œuvre de Berghem.

Ce Peintre, qui fait honneur à l'Ecole hollandaise, a
su rendre la nature avec une telle vérité, que ses tableaux ont toujours été regardés comme des modèles
en ce genre. Contemporain de Claude Gelée, et comme
lui d'un grand mérite, ces deux Maîtres ne peuvent
être mis en comparaison, quoique tous deux paysagistes, puisqu'ils n'ont pas suivi la même route pour
arriver au même but : l'un ne cherchant qu'à imiter
avec soin la nature au moment où il la voyait, l'autre
sachant retrouver dans sa mémoire les effets qu'il avait
vus et qui lui semblaient convenir davantage au sujet
qu'il voulait retracer; celui-ci sachant rendre avec
esprit les troupeaux et les hommes qui ornaient son
point-de-vue; celui-là ne pouvant ajouter aucun être
vivant à ses tableaux, dont la principale magie est dans
une entente parfaite du clair-obscur et de la perspective aërienne.

On connaît de Berghem 53 Planches à l'eau-forte,
qui toutes sont gravées d'une pointe facile et pleine
d'esprit : rarement il a mêlé le burin et la pointe sèche
dans ses planches; cependant cette pièce fait voir qu'il
savait également bien employer l'un et l'autre.

92 *La Vache qui s'abreuve.* Épreuve avec le nom
et l'année écrits à l'eau-forte en gros caractère.

A droite, près d'un abreuvoir, un Pâtre debout parle

à un homme qui est auprès d'une femme occupée à
se laver les jambes; sur le devant, on voit un Bouc et
un Mouton ; à gauche, deux Vaches dont une vient de
boire et laisse tomber un peu d'eau de sa bouche : le
fond est orné d'une ruine où se trouve un bas-relief.

93 *Une Vache couchée.*

Sur le devant, à gauche, est une Vache couchée près
d'une autre debout : à droite, une Femme est occupée
à traire une troisième vache

94 *Une Vache pissant.*

Près d'elle, une autre Vache et une Chèvre couchées;
à gauche, deux Pâtres conduisant un troupeau de
moutons.

95 *Deux Chevaux debout, se grattant.*

Près de deux Chevaux, debout, un troisième est
couché, à gauche, sur le devant.

96 *Un Ane debout.*

Plusieurs animaux sont couchés autour d'un Ane
debout; à droite, un Pâtre et une Bergère sont assis
auprès l'un de l'autre.

Ces quatre pièces, d'un mérite égal, se trouvent
ordinairement réunies.

J. JONCK HEER, Peintre, qu'on doit croire
Hollandais, et qui travaillait en 1654.

97 *Deux Lévriers attachés ensemble.*

Près de deux Lévriers, un troisième couché, se gratte
l'oreille.

98 *Deux Chiens se battant.*

99 *Deux Lévriers en laisse et un autre Chien près
d'eux.*

Parmi les pièces attribuées à Jonck Heer, quelques-
unes semblent être d'une autre main que la sienne ;
mais elles sont peu nombreuses, et les belles épreuves
extrêmement rares.

PAUL POTTER, Peintre·, né à Enkhuisen, en
1625; mort à Amsterdam, au mois de Janvier
1654.

100 *Vache couchée.*

Une Vache, couchée près d'un arbre dont on ne voit
que le tronc avec une petite branche peu chargée
de feuilles, et de grosses racines qui sortent de terre.
Ce morceau, un des plus rares du Maître, se fait
remarquer par la pureté et la fermeté de la pointe.

Paul Potter, peintre de paysage et d'animaux,
n'eut pour maître que son père, dont le nom serait
sans doute oublié s'il n'eût formé un élève aussi supérieur à lui. Il mourut d'une maladie de langueur
à peine âgé de 29 ans, et pourtant il a joui pendant
sa vie de beaucoup de considération. Depuis sa mort,
ses Tableaux ont acquis une telle célébrité, que
quelques-uns ont été payés plus de 24 mille francs.

Ainsi que beaucoup de Peintres ses contemporains,
Paul Potter a gravé à l'eau-forte plusieurs pièces qui
sont fort recherchées : on y trouve une vérité frap-
pante dans le caractère des animaux, un heureux
effet de clair-obscur, enfin une pointe ferme et
brillante : son œuvre se compose de 18 pièces gravées
à l'eau-forte.

IGNACE MARINUS, né en Flandre, en 1626.

101 *Fuite en Egypte.* Epreuve avant la lettre.

« Un Ange du Seigneur apparut à Joseph pendant qu'il dormait, et lui dit : Levez-vous, prenez
l'enfant et sa mère, fuyez en Egypte, car Hérode
cherchera l'enfant pour le faire mourir ».

Rubens, dans cette composition, a parfaitement
exprimé tout ce que dit l'Evangile. C'est à la clarté
de la Lune, que la sainte Famille abandonne à la

hâte la ville de Bethléem. Son inquiétude est d'autant plus vive, que les satellites d'Hérode sont à leur poursuite; et des Anges semblent chercher à dérober leur fuite, l'un en les couvrant d'un nuage, un autre en éclairant leur chemin, et un troisième en dirigeant leurs pas.

JÉRÉMIE FALCK, né à Dantzick, en 1629; mort vers 1700.

102 *Homme et Femme chantant.*

Cette scène grotesque est admirable par la vérité de l'expression des deux figures : on y trouve aussi une coupe de burin très-ferme, avec une harmonie des plus douces.

Falck, étant venu jeune en France, reçut les conseils de Chauveau; il alla ensuite en Hollande et en Suède, et se retira fort âgé dans son pays : il a gravé cette pièce d'après J. Jordaens.

ROBERT NANTEUIL, né à Rheims, en 1630; mort à Paris, en 1678.

103 *Portrait de Colbert.*

Jean-Baptiste Colbert, né à Rheims en 1619, mourut à Paris en 1683. Il avait d'abord travaillé chez le banquier du cardinal Mazarin, et devint ensuite l'intendant de cette Eminence. A la mort du Cardinal, et d'après sa recommandation, le Roi appela Colbert au ministère, où il succéda au sur-intendant Fouquet, en 1661. C'est alors que commença vraiment le beau siècle de Louis XIV. Les Arts furent encouragés, les Savans récompensés, le commerce protégé. L'Académie française avait été instituée par le Cardinal de Richelieu; mais c'est Colbert qui établit l'Académie des Inscriptions et Belles-Lettres, en 1663; l'Académie des Sciences, trois ans après;

et l'Académie d'Architecture, en 1671. L'Académie de Peinture, qui avait été instituée dès 1648, reçut en 1667 un nouvel éclat par la fondation de l'Ecole de Rome et la distribution des prix aux élèves. Colbert n'oublia rien pour faire briller la Bibliothèque du Roi : il la transporta de la rue de la Harpe dans deux maisons de la rue Vivienne. C'est à lui qu'on doit l'origine du département des Estampes, en faisant acheter la collection recueillie par l'abbé de Marolles : il donna ensuite l'ordre de faire graver aux frais de l'Etat les plus beaux tableaux de la collection du Roi. Ce Ministre, dont nous ne parlons que comme protecteur des Arts, s'est également distingué par ses grandes vues financières et commerciales ; il a laissé une Bibliothèque très-riche en manuscrits qui, par la suite, ont été réunis à ceux de la Bibliothèque du Roi.

Nanteuil reçut une très-bonne éducation, et il avait un goût tellement vif pour l'art dans lequel il devint si célèbre, qu'il grava lui-même l'estampe qui orne sa thèse de philosophie : il n'a jamais traité d'autres sujets historiques ; mais il tient le premier rang parmi les Graveurs de portraits. Il en a fait plusieurs, grands comme nature ; et dans cette forte proportion, sa gravure est moëlleuse et colorée, ses cheveux sont d'une légèreté admirable, et le travail qu'il a employé dans les chairs n'a pas encore trouvé d'imitateurs.

Son œuvre est composé de près de 300 pièces, dont une vingtaine sont très-recherchées.

104 *Portrait d'Anne d'Autriche.* Epreuve avant le guillemet.

Anne d'Autriche, mère de Louis XIV, et régente pendant sa minorité, mourut en 1666, âgée de 64 ans : elle ne manquait ni de beauté, ni de grâce, et c'est elle que la cour de France dut en partie les agrémens et la politesse qui la distinguèrent de toutes les autres, pendant ce siècle glorieux.

Ce Portrait est fort recherché, et se paye très-cher avec la remarque indiquée.

105 *Portrait de Simon Arnauld.*

La famille d'Arnauld, célèbre par ses vertus, sa piété et ses talens, a donné successivement plusieurs personnages qui se sont illustrés dans différens états. Simon Arnauld, Marquis de Pomponne, fut employé fort jeune dans diverses négociations, ensuite intendant des armées dans le Royaume de Naples et en Catalogne, plus tard Ambassadeur de France en Hollande et en Suède, puis enfin Ministre des affaires étrangères depuis 1671 jusqu'en 1679. Le Roi, après lui avoir ôté le porte-feuille, lui conserva le titre de Ministre, avec la permission d'entrer au Conseil.

Simon Arnauld était neveu du théologien Antoine Arnauld, l'un des plus zélés défenseurs de la doctrine de Jansénius et l'un des plus ardens antagonistes de Calvin.

106 *Portrait de Le Vayer.* Epreuve avant les virgules à l'année.

François de la Mothe-le-Vayer, né à Paris en 1588, était fils d'un substitut du Procureur-Général au Parlement, auquel il succéda : le goût de la littérature l'engagea à se défaire de cette charge pour ne vivre qu'avec ses livres ; l'étude fut sa seule passion ; plaisirs, affaires, il renonça à tout pour se livrer aux Sciences. Il embrassa toutes les connaissances humaines, l'ancien, le moderne, le sacré, le profane : il avait beaucoup lu et beaucoup retenu ; il a fait usage de tout ce qu'il savait : ses œuvres ont été imprimées en 1684, en 15 vol. in-12.

La variété et l'étendue de ses connaissances firent

qu'on pensa à lui lorsqu'on voulut donner un précepteur à Louis XIV ; mais Hardouin de Péréfixe
ayant obtenu la préférence, plus tard le Vayer fut
chargé de l'éducation du Duc d'Orléans, frère du Roi.

Il fut reçu à l'Académie française en 1639, et mourut en 1672.

Ce Portrait, l'un des plus petits qu'ait gravés Nanteuil, fait voir que cet habile Artiste savait joindre
la vérité d'expression à la finesse d'exécution.

107 *Portrait de Jean Loret.* Epreuve avant le
guillemet.

Auteur d'un journal en vers, connu sous le nom
de la *Gazette burlesque*, qui parut depuis 1650 jusqu'en 1665, sous la forme de lettres adressées à ma-
demoiselle de Longueville. Jean Loret, né de parens
pauvres, eut quelque célébrité de son vivant, tant par
l'intérêt des nouvelles qu'il mettait dans son journal,
que par l'agrément et l'esprit avec lesquels il les
racontait.

Recommandé d'abord au Cardinal Mazarin, Loret
reçut de ce Ministre une pension qu'il lui assura
par son testament ; Fouquet lui en fit une seconde ;
mais Loret ayant eu le courage de le plaindre lors de
sa disgrâce, ayant même manifesté le désir de le voir
triompher de ses ennemis, il fut rayé de l'état des
pensions.

Dans les épreuves ordinaires, après l'année 1658,
se trouve une espèce de guillemet qui n'est point
dans celle-ci ; cette remarque est presque la seule
qu'on connaisse dans les Portraits de Nanteuil, qui
sont rarement avant la lettre, ou bien n'en ont
jamais eu.

108 *Téte de Moyse.* Commencée par Nanteuil et terminée par Édelinck.

Le législateur du peuple Juif, vu à mi-corps, tenant les tables de la loi, que Dieu lui a remises sur le mont Sinaï.

Cette estampe nous fait voir réuni, le talent de deux des plus habiles Graveurs du siècle de Louis XIV : Nanteuil en mourant avait laissé cette planche imparfaite; vingt ans après sa mort, Edelinck la termina et la livra au public. On retrouve dans la tête toute la perfection et la finesse des plus beaux portraits de Nanteuil, jointes à la vigueur et à l'expression qu'Edelinck a su donner à ses gravures.

Jean Martss dit *De Jonge* ou le jeune, Peintre vivant en Hollande en 1662.

109 *Un Cavalier arrêté près la tente d'une Vivandière.*

110 *Une Escarmouche dans laquelle un Cavalier est assailli par deux autres.*

Quoique Martss ait mis beaucoup de chaleur et de science dans l'ordonnance de ses tableaux, sa réputation est peu étendue, et le petit nombre de gravures qu'il a laissées ne peut guère contribuer à illustrer son nom : on ne connaît que 8 pièces gravées par lui.

Abraham Blooteling, né en 1634, à Amsterdam.

111 *Portrait de Pierre Schout à cheval.*

Ce portrait, connu dans le commerce sous la simple dénomination *du cavalier,* et cité quelquefois sous le

nom de *Moelman*, sans qu'on en sache la cause, est
celui de Pierre Schout, Chanoine d'Utrecht, mort en
1665 à l'âge de 29 ans, Seigneur d'Hagestein, et sans
doute amateur, puisque plusieurs artistes se sont
réunis pour lui rendre hommage : la figure est peinte
par Pierre Netscher, le cheval par Wouwermans, et
le paysage par Wynants.

Blooteling, après avoir travaillé quelque temps en
Angleterre, revint dans sa patrie où il fit un assez
grand nombre de gravures, tant à la pointe et au burin
qu'en manière noire.

ANTOINE MASSON, né en 1636, près d'Orléans; mort à Paris, en 1700.

112 *Portrait du comte d'Harcourt.* Epreuve avant
le chiffre 4, dans la marge.

Henri de Lorraine, Comte d'Harcourt, d'Armagnac,
et de Brionne, grand - écuyer de France en 1643,
mort en 1666. Ce Portrait, peint à mi-corps par Pierre
Mignard, a été gravé en 1667; c'est un chef-d'œuvre
de gravure, dans lequel on peut justement admirer la
diversité du travail que l'artiste a employé pour rendre
les chairs, les cheveux, les étoffes, les broderies et
les plumes.

Cette gravure fit partie de la première exposition
faite dans la galerie du Louvre en 1699; elle a
reçu dans le commerce le nom de *cadet à la perle*,
qui lui vient du bijou que l'on remarque à l'oreille du
Prince. Masson a gravé 70 pièces, dont plusieurs
beaux portraits, parmi lesquels quelques-uns sont de
la plus grande beauté.

Dans les épreuves postérieures, dans la marge à
gauche, à la hauteur où est écrit le nom de Mignard,
on voit le chiffre 4.

113 *Portrait de Brisacier.* Epreuve avant la lettre.

Guillaume de Brisacier, secrétaire des commande-
mens de la Reine Anne d'Autriche , appartient sans
doute à une famille de Blois , dont l'un des membres
fut Aumônier de Louis XIII, et un autre, Prédicateur
dé la Reine. Celui-ci eut la folie d'écrire au Roi de
Pologne, Jean Sobieski , dont il prétendait être fils ,
pour le prier de demander à Louis XIV de le créer
Duc. Il abusa de la signature de la Reine, pour per-
suader au Roi de Pologne qu'elle prenait un grand
intérêt à la réussite de cette affaire. Sa fraude ayant
été découverte, il fut mis à la Bastille en 1676.

Ce portrait a été gravé , en 1664, d'après le tableau
de Mignard. Dans les épreuves ordinaires, le nom est
écrit dans la bordure ovale.

114 *Portrait de Cureau de la Chambre.* Epreuve
avant la contre-taille.

Marin Cureau de la Chambre, médecin ordinaire du
Roi, naquit au Mans, en 1595. Son esprit et ses connaissances le firent rechercher du Chancelier Séguier
et du Cardinal de Richelieu ; il fut reçu à l'Académie
française en 1635, et publia plusieurs ouvrages sur
la physique, la médecine et la chiromancie : il mourut
en 1669, et fut enterré à Saint-Eustache, à Paris.

Le portrait original est peint par Mignard. La gravure est de l'année 1665.

JEAN VISSCHER, né à Amsterdam, en 1636 ;
mort à ....

115 *Le Bal.* Epreuve avant la lettre.

Cette scène, gravée d'après Nicolas Berghem,
représente l'intérieur d'une guinguette, dans laquelle
un paysan et une paysanne dansent une espèce de

branle. La composition fait voir que ce Peintre, qui n'a fait ordinairement que des paysages et des troupeaux, aurait pu traiter des sujets historiques, si cela eût été dans ses goûts.

Jean Visscher ne jouit pas d'une aussi grande réputation que son frère Corneille ; cependant plusieurs de ses Estampes sont très-recommandables, surtout plusieurs paysages d'après Berghem, dans lesquels on trouve une vigueur et une hardiesse étonnantes.

116 *Le Tâtonneur.* Epreuve avant les noms.

Ainsi que la plupart des Peintres hollandais, Ostade n'a peint que des *scènes familières*, et celle-ci plus que toute autre, doit recevoir cette dénomination. Une femme assise, tenant un verre d'une main et un cruchon de l'autre, se défend assez mal des caresses que veut lui faire un homme qui est assis auprès d'elle, et qui vient de laisser sur la table un verre et une pipe. Un autre homme, debout derrière eux, paraît s'égayer en voyant cette scène égrillarde.

Adrien Vanden Velde, Peintre, né en 1639 à Amsterdam, où il mourut en 1672.

117, 118, 119 *Trois Sujets représentant des Vaches.*

Ces trois pièces, connues sous le nom des trois Vaches de Vanden Velde, sont très-recommandables par la pureté et la légèreté de la pointe, ainsi que par l'esprit et la finesse d'expression des animaux, qui sont de la plus grande vérité : elles ont été gravées par Vanden Velde, à l'âge de 30 ans. Ses premiers essais ont été faits lorsqu'il en avait 14 : deux de ses gravures, quoique bien inférieures à celles qu'il fit postérieurement, ont été vendues 950 francs chacune, à la vente du cabinet de M. le Comte Rigal, en Décembre 1817.

GÉRARD AUDRAN, né à Lyon, en 1640 ; mort à Paris, en 1703.

120 *Martyre de Saint Laurent.* Epreuve avant les tailles sur les bords du nuage.

Ce même sujet ayant déjà été décrit sous le n.º 29, nous y renvoyons pour en trouver l'historique.

Le Sueur, dans ce tableau, s'est montré sublime : contemporain du Poussin, il l'a égalé dans la composition, et, ainsi que lui, admirateur des antiques, il a souvent imité la sagesse et la sévérité de leur draperie.

Audran, né en France, d'une famille déjà connue dans la gravure, apprit les élémens de son art dans la maison paternelle ; tout son talent appartient donc en entier à la France ; et il s'est élevé au premier rang parmi les Graveurs. Sa manière peut-être plaira moins que celles d'Edelinck et de Poilly ; mais excellent dessinateur, il n'a jamais cherché à faire valoir son outil : il est bien difficile de connaître sa méthode, parce qu'il n'en avait pas ; maître de son burin comme de sa pointe, il a mêlé ces divers travaux suivant ce qu'il jugeait nécessaire pour rendre avec précision le tableau qu'il copiait.

121 *Mort de Saint François.* Epreuve avant la lettre.

Jean Bernardon, né à Assise en 1182, si connu sous le nom de *François d'Assise*, resta dans le commerce jusqu'à l'âge de 25 ans. Sentant alors un grand mépris pour les biens de ce monde, il quitta

sa famille, donna aux indigens tout ce qu'il pos-
sédait, et fit vœu de pauvreté. C'est surtout à quoi il
astreignit les Cordeliers, qu'il institua en 1209 sous
le nom des Frères mineurs, pour désigner l'humilité
dont ils faisaient profession, et les distinguer des
Dominicains qui, s'adonnant à la prédication, semblaient supérieurs à eux. Il établit ensuite des Reli-
gieuses de Sainte-Claire ou pauvres-dames ; et enfin
des hommes mariés ayant voulu suivre sa règle, il
institua pour eux le tiers-ordre de Saint-François,
ou Frères de la pénitence.

Pendant le cours de sa vie, Saint François s'étant
retiré sur une montagne très-élevée de l'Apennin,
y fit un jeûne de quarante jours, pendant lequel
il crut voir un Séraphin crucifié fondant sur lui
d'un vol rapide, et lui imprimant des stigmates semblables aux plaies de J.-C. dont il conserva depuis les
cicatrices ; c'est ce qui lui fit donner les surnoms de
Séraphique et de *Stigmatisé.* Il vécut encore deux ans,
toujours rempli de douleur, et encore plus comblé de
patience ; puis sentant sa mort approcher, il se fit conduire dans sa ville natale, où ayant réuni les frères de
son ordre, il les exhorta de nouveau, et mourut les
bras croisés sur la poitrine, le 4 Octobre 1226 : il
fut canonisé deux ans après par le pape Grégoire IX.

Audran a gravé cette pièce d'après Annibal Carrache.

122 *Coupole de la Chapelle de Sceaux,* en 5 feuilles.

Cette coupole, peinte à fresque par Charles Le
Brun, représente le triomphe du Nouveau-Testa-
ment sur l'Ancien. Dieu le père, dans sa gloire,
paraît proférer ces paroles : *C'est ici mon fils bien-*

aimé, écoutez-le ! Plusieurs Anges, disposés autour
du groupe principal, tiennent l'arche d'alliance
et le chandelier à sept branches ; d'autres jouent de
divers instrumens.

C'est Colbert qui avait fait construire et décorer le
château de Sceaux, qui a été entièrement détruit
en 1795.

123 *Coupole du Val-de-Grâce*, en 6 feuilles.

L'Italie, si riche en peintures à fresque, n'a pas
de composition aussi vaste et aussi colossale que
celle-ci, qui est due au génie et au pinceau de Pierre
Mignard. Dans la partie la plus élevée de la voûte, il a
représenté la Sainte-Trinité et ses principaux Mys-
tères, entourés d'une foule innombrable d'Anges :
au-dessous sont dispersés par groupes les Prophètes,
les Martyrs et les Saintes, qui se sont le plus illustrés ; enfin, dans la partie inférieure, on remarque
quelques Patriarches, les chefs d'ordres Saint Benoit
et Sainte Scolastique, puis, la Reine Anne d'Autriche conduite par Sainte Anne et par Saint Louis,
venant faire à Dieu l'hommage de sa couronne,
et promettant de faire construire l'église du Val-de-
Grâce.

Cette grande composition, dans laquelle on compte
plus de 200 figures, dont quelques-unes ont 16 pieds
de proportion, fut faite en huit mois ; et Mignard
eut l'honneur de voir son ouvrage chanté par Molière,
dans le poëme qui a pour titre : *La Gloire du Val-
de-Grâce.*

124 *La Peste d'Ægine.* Epreuve avant la lettre.

AEgine ayant été enlevée par Jupiter, fut trans-
portée dans l'île d'Œnone, qui reçut alors son nom,
elle y donna naissance à un fils. AEaque, devenu

5

Roi, gouverna sagement son peuple ; mais Junon, toujours jalouse, envoya dans cette île un serpent qui empoisonna toutes les sources, et fut ainsi cause d'une peste, dont Ovide donne une longue et terrible description. Mignard, en faisant ce tableau, a bien rendu toutes les scènes d'horreur dont parle le poète.

ELIE HAINZELMANN, né à Augsbourg, en 1640, où il mourut en 1694.

125 *Sainte Famille.* Epreuve avant le paysage et le vase de fleurs placé sur la fenêtre.

Cette Sainte Famille, gravée d'après Annibal Carrache, est connue sous le nom de *Silence du Carrache.* La Vierge paraît en effet empêcher Saint Jean de faire aucun bruit ni de toucher à l'Enfant-Jésus, dans la crainte de troubler son sommeil.

Hainzelmann, élève de Poilly, a imité la manière de son maître, et s'est acquis une grande réputation par les gravures qu'il a publiées pendant son long séjour à Paris.

HENRI SNYERS, vivait à Anvers en 1670.

126 *Samson surpris chez Dalila.*

Après avoir montré sa force extraordinaire en plusieurs circonstances, Samson ayant eu la faiblesse de découvrir à Dalila quelle en était la source, cette femme perfide profita du moment où il dormait pour le trahir en lui coupant les cheveux, et le livrer ainsi aux Philistins.

Le dessin de cette estampe est assez incorrect, mais elle est d'un ton extrêmement vigoureux, et le travail dénote un graveur hardi et digne de l'école de Rubens.

Le tableau original de Van Dyck se voit dans la galerie de Vienne.

François Spierre, né à Nancy, en 1643 ; mort
à Marseille, en 1681.

127 *Sainte Famille.* Epreuve avant la draperie.

La Sainte Vierge assise tenant l'Enfant-Jésus qui
cesse de téter pour prendre des fruits que lui présente
Saint Jean.

Spierre, après avoir étudié la peinture, abandonna
l'école de Vouet pour entrer dans l'atelier de Poilly ;
il devint bientôt le rival de son maître pour la douceur et l'agrément du burin, et sut rendre la couleur et le clair-obscur avec plus de perfection que
lui. Jeune encore, il fit le voyage d'Italie, où il cultiva
les deux Arts qui avaient partagé son temps.

C'est d'après un tableau du Corrège appartenant
au Marquis del Carpio, Vice-Roi de Naples, que
Spierre a fait cette belle gravure dans laquelle on
retrouve le talent du plus gracieux des Peintres.

Les premières épreuves sont de la plus grande
rareté ; dans les secondes on a ajouté une petite draperie pour couvrir la nudité de l'Enfant-Jésus, et
dans le fond à droite on voit quelques petits arbres.

Gérard Edelinck, né à Anvers, en 1649 ; mort
à Paris, en 1707.

128 *Sainte Famille.* Epreuve avant les armes.

De toutes les Saintes Familles, celle-ci est la plus
célèbre : bien des motifs réunis semblent être cause
de cette distinction ; c'est un chef-d'œuvre du graveur, une des meilleures productions de Raphaël ;
c'est aussi une des plus belles peintures du Musée de
France * ; enfin ce tableau fut envoyé à François Ier,

---

* Ce même tableau vient d'être gravé de nouveau par M. Richomme,
dans la 40e et dernière livraison du Musée-Royal.

par Raphaël, en 1518, comme un témoignage de reconnaissance du peintre, pour la générosité avec laquelle le Monarque lui avait payé son tableau de Saint Michel.

La Vierge s'incline pour recevoir l'Enfant-Jésus qui s'élance avec joie pour l'embrasser : à la droite de la Vierge, Sainte Elisabeth, un genou en terre, tient le petit Saint Jean qui joint les mains ; au fond, de l'autre côté, est Saint Joseph, la tête appuyée sur sa main gauche ; dans le haut on voit deux Anges, dont un répand des fleurs.

Plus on regarde cette Estampe, plus on la trouve admirable. Quelle sublimité de composition ! quelle grandeur, quelle noblesse dans les têtes ! Celle de la Vierge étonne par les grâces qui y sont répandues ; elle inspire l'admiration et le respect. Que de beautés dans le caractère et dans la figure de l'Enfant-Jésus et du petit Saint Jean ! quelle fermeté et quelle douceur dans le burin ! quelle correction dans le dessin !

Edelinck doit être regardé comme le plus habile Graveur du règne de Louis XIV : élève de Corneille. Galle, il fut appelé à Paris par le Ministre Colbert, et a gravé un grand nombre d'estampes dont aucune n'est médiocre et parmi lesquelles il se trouve plusieurs chefs-d'œuvre dont nous allons parler.

Son burin est plus soigné que celui des autres graveurs flamands, mais dans son travail, le soin ne dégénère pas en petitesse, et n'entraîne pas cette longueur de temps et cette marche pénible qui amènent toujours de la froideur.

129 *La Magdeleine*. Epreuve avant la lettre.

Après avoir vécu dans la dissipation, Marie-Magdeleine voulut revenir à Dieu ; elle sentit combien étaient vaines toutes les parures auxquelles elle avait attaché

tant de prix ; elle les rejeta et les vendit ensuite pour
en donner la valeur aux pauvres.

Ce tableau fut commandé à Le Brun, premier Peintre
de Louis XIV, par madame de la Vallière, pour
être placé au couvent des Carmelites de la rue du
faubourg Saint-Jacques, où elle avait pris l'habit,
sous le nom de Louise de la Miséricorde. Le rapport
de situation entre ces deux personnes célèbres par
leur beauté et leur repentir, a sans doute accrédité
le bruit qui a fait regarder cette pièce comme le portrait de madame de la Vallière en Magdeleine ; mais
rien ne prouve une pareille assertion, et la figure ne
présente aucun caractère de ressemblance.

Par des mémoires particuliers de la famille de
Brienne, on sait, au contraire, que le Roi s'était opposé
à ce que le portrait de cette favorite fût fait en Magdeleine.

130 *Apollon servi par des Nymphes.* Epreuve
avant la lettre.

Ce beau groupe de marbre, sculpté par Girardon, est
maintenant placé dans la grotte d'un rocher factice con-
struit sous le règne de Louis XVI, dans un des bos-
quets du jardin de Versailles. L'auteur a supposé
le dieu du jour venant d'achever sa course ; il est
reçu chez Téthis et servi par ses Nymphes.

Cette gravure fait partie des planches du Cabinet
du Roi, gravées par ordre de Colbert. On croit cette
épreuve unique.

131 *Combat de quatre Cavaliers.* Epreuve avant
les noms du Peintre et du Graveur.

Cette Gravure, faite d'après un carton de Léonard
de Vinci, représente quatre cavaliers cherchant à s'ar-
racher une enseigne. Cette belle estampe n'est rare que
quand elle est, comme cette Epreuve, avant les noms.

132 *Portrait de Desjardins.* Epreuve avant la lettre.

Martin Vanden Bogaert, né à Breda en 1640, vint fort jeune à Paris, où il mourut en 1694. Au-lieu de conserver son nom en hollandais ou de le traduire littéralement en celui de Du Verger, il prit le nom de Desjardins, sous lequel il est connu.

C'est à lui qu'on devait la statue équestre, en bronze, de Louis XIV à Lyon ; la statue pédestre de Louis XIV, qui se voyait à la place des Victoires, et une autre en marbre à l'orangerie de Versailles, et qui d'abord avait été exécutée pour décorer la place des Victoires.

133 *Portrait de Jean Dryden.* Epreuve avant les armes.

Dryden, Poëte, né en Angleterre en 1631, y mourut le 1er Mai 1701. Ses talens le firent accueillir à la cour de Jacques II ; mais s'étant fait catholique en 1688, ses ennemis le perdirent auprès de Guillaume III, qui lui retira ses pensions et le laissa mourir dans la misère.

Dryden s'est signalé dans tous les genres de poésie ; il a donné un grand nombre de tragédies et de comédies, une traduction de Virgile en vers anglais, et une traduction en prose du poëme de la peinture d'Alphonse Dufresnoy.

Ce portrait, gravé d'après Kneller, est de la plus grande rareté avant la lettre.

BENOIT AUDRAN, né à Lyon, en 1661 ; mort à Louzuer près de Sens, en 1721.

134 *Alexandre malade.* Epreuve avant la lettre.

Alexandre étant en Cilicie tomba dangereusement malade pour s'être baigné inconsidérément dans le

fleuve Cydnus ; la nécessité de s'opposer aux armées
de Darius, lui faisait dire *qu'il désirait plutôt une mort
prompte qu'une guérison tardive.*

Philippe, son médecin, lui promit un breuvage au
moyen duquel il enleverait toute la violence du mal :
mais Alexandre ayant reçu de Parménion une lettre par
laquelle il l'avertissait de ne point se fier à son médecin, parce que Darius l'avait gagné par l'offre de mille
talents, il se trouva dans une grande perplexité. Cependant Alexandre ayant pris la coupe où était le
breuvage préparé, remit en-même-temps à son médecin la lettre de Parménion, en fixant les yeux sur lui
tandis qu'il buvait, pour découvrir sur son visage
quelques indices de ce qui se passerait dans son âme.
. La suite fit connaître la fausseté des craintes de
Parménion et l'étendue de la science de Philippe.

Benoît Audran, neveu et élève du célèbre Gérard
Audran, s'est distingué dans la gravure, et cette
pièce, qui fait honneur à son talent, a été exécutée
en 1711 d'après un tableau de Le Sueur, qui à cette
époque, faisait partie de la galerie du Palais-Royal.
Les belles épreuves sont très-recherchées : on n'en
connaît que deux avant la lettre.

PIERRE-IMBERT DREVET, né en 1697 à Paris, où il mourut en 1739.

135 *Éliézer et Rébecca.* Epreuve avant la lettre.

Rébecca, debout, accompagnée de plusieurs autres
Israélites, arrive à la fontaine où l'attendait Éliézer,
serviteur d'Abraham, que ce patriarche avait envoyé
en Mésopotamie pour chercher la femme destinée à
son fils Isaac.

Cette estampe, gravée d'après Coypel, ne présente
pas un dessin correct; mais le burin est des plus moël-
leux: on ne connaît que trois épreuves avant la lettre.

136 *Louis XIV en pied.*

Louis XIV, né à Saint-Germain, en 1638, monta sur le trône à l'âge de cinq ans, et mourut en 1715. Pendant l'espace de son règne, qui dura 62 ans, il ne se contenta pas de conserver à la France la prépondérance que lui avaient acquise les talens de Henri IV et de Sully, aussi bien que la politique de Louis XIII et du Cardinal de Richelieu ; il sut encore l'élever au-dessus des autres nations, en faisant fleurir à-la-fois les *Sciences*, les *Lettres* et les *Arts*.

Ce beau Portrait, peint par Rigaud, est un des meilleurs modèles qu'on puisse offrir aux *Graveurs*, pour la variété des travaux et la manière dont ils sont appropriés aux objets que l'auteur a voulu rendre. L'hermine, surtout, est un chef-d'œuvre, l'auteur ayant su conserver la blancheur qui distingue cette fourrure, tout en lui donnant l'effet nécessaire dans les parties ombrées.

137 *Portrait de Samuel Bernard.*

Samuel Bernard, né à Paris en 1651, était fils d'un Peintre, professeur à l'Académie de Paris : placé dans la banque, il fit une fortune considérable et reçut le titre de comte de Coubert, puis l'ordre de St.-Michel : il mourut à Paris, le 18 Janvier 1739, âgé de 88 ans.

Samuel Bernard est représenté assis, appuyé sur son bureau, et indiquant que, par ses ordres, un grand nombre de vaisseaux parcourent les mers.

138 *Portrait de Bossuet.* Epreuve avec le coup de lumière sur le dos du fauteuil.

Ce Portrait, gravé d'après Rigaud, représente un des plus grands prélats de la France, debout en habits pontificaux, et couvert du manteau ducal en hermine :

la main droite est appuyée sur un livre par lequel
l'Artiste a désigné les écrits dont s'est occupé Jacques-
Bénigne Bossuet, précepteur du Dauphin, fils de Louis
XIV, et depuis Évêque de Meaux et comte de Troyes.
Il est impossible de ne pas être surpris en pensant que
ce portrait a été gravé par Drevet à l'âge de 26 ans. On
y remarque un nombre de travaux infiniment variés,
qui rendent avec une justesse étonnante les chairs et
les cheveux; de l'hermine, du linon, de la dentelle,
de la moire, du velours, des franges d'or et des ornemens de bronze.

Parmi les Épreuves avec le coup de lumière, on
connaît encore deux différences; celle-ci est avec les
fautes *Constorianus* au-lieu de *Consistorianus*, et *Tre-
censes* pour *Trecensis*.

JEAN-BAPTISTE PIRANESI, né en 1707 à Rome, où il mourut en 1778.

139 *Colonne Trajane.*

Cette Colonne, seul reste de tous les monumens
qui ornaient le forum de Trajan, est d'une si grande
beauté, que lorsqu'on a voulu élever à Paris un mo-
nument à la gloire de nos armées, on a cru ne rien
trouver de mieux, que de faire une colonne dans les
mêmes proportions. La colonne Trajane est construite
de 34 blocs de marbre; elle a 11 pieds de diamètre et
128 pieds de haut, y compris la statue. Celle qu'on
voit dans cette gravure représente Trajan; mais elle
est maintenant remplacée par un Saint Pierre en bronze
doré.

Les bas-reliefs qui tournent en spirale autour de la
colonne, représentent la guerre de Trajan contre les
Daces : on y trouve une foule de renseignemens très-
utiles sur les usages et les costumes des Anciens.

Apollodore, qui en est l'auteur, naquit à Damas, Architecte de Trajan, il montra un grand génie, et fut comblé de ses faveurs; mais l'empereur Adrien, ayant éprouvé ses railleries, s'en vengea d'une manière terrible, en le faisant mourir.

140 Colonne Antonine.

Cette Colonne fut construite à l'imitation de la colonne Trajane; mais elle est plus forte et d'une moins belle proportion. Son diamètre est de 15 pieds, et sa hauteur totale de 175 pieds, y compris la statue de Saint Paul, par laquelle on a remplacé celle d'Antonin-le-Pieux, qui lui avait fait donner son nom.

Les bas-reliefs représentent la guerre de Marc-Aurèle contre les Marcomans, nom sous lequel les Romains ont désigné les habitans de la Bohême et de la Moravie.

JEAN-GEORGE WILLE, né en 1715 à Kœnigsberg, petit village de Hesse; mort à Paris en Avril 1808.

141 L'Instruction paternelle. Epreuve avant la lettre.

Cette scène familière, dans laquelle on voit une jeune personne debout écoutant attentivement ce que lui dit son père, est gravée d'après Gérard Terburg.

On admire dans cette gravure une coupe de burin hardie et des étoffes rendues avec la plus grande perfection. Wille avait été d'abord armurier; il vint à Paris en 1735, et grava, à son arrivée, des portraits pour la suite d'Odieuvre, qui ne lui paya les premiers que six francs, et ensuite douze francs. Rigaud ayant aperçu la capacité de ce jeune graveur, lui procura les moyens de se faire connaître. Depuis il se distingua, non-seulement par plusieurs beaux portraits, mais encore par des sujets gravés d'après les Maîtres hollandais, dont il sut rendre parfaitement la couleur et le fini précieux.

C'est de l'école de Wille que sont sortis les Graveurs qui, ayant abandonné la pointe sèche pour se servir presque exclusivement du burin, ont répandu en Europe le goût des hachures larges et croisées par lesquelles on a remplacé les tailles en points allongés dont s'étaient servi Nanteuil, Drevet et autres.

JEAN-JACQUES BALECHOU, né en 1715 à Arles; mort à Avignon en 1764.

142 *Sainte Geneviève.* Epreuve avant la lettre.

Sainte Geneviève, patrone de Paris, y mourut en 512, à l'âge de 89 ans; elle était née à Nanterre, et fut consacrée à Dieu par Saint Germain, Évêque d'Auxerre, dans un voyage que fit ce prélat pour aller en Angleterre combattre l'hérésie pélagienne. Sainte Geneviève est assise sur une pierre, ayant à ses pieds quelques moutons; elle a interrompu ses occupations pour se livrer à la lecture.

Cette estampe, d'après Vanloo, est le seul sujet d'histoire qu'ait gravé Balechou, qui s'est d'abord fait connaître par de beaux portraits, ensuite par des marines dont les eaux sont un modèle qu'on a souvent cherché à imiter, et que Woollet seul est parvenu à atteindre.

Parmi les épreuves avant la lettre, il y a plusieurs différences : celle-ci est avant la jupe rélargie par en bas, et le haut de la planche n'est pas encore d'équerre.

143 *La Tempête.* Epreuve avec la faute *compagine*
au-lieu de *compagnie.*

Cette Estampe, d'après un tableau de Joseph
Vernet, fait également honneur au peintre et au
graveur : on y retrouve la couleur et la vérité qu'a
su mettre Vernet dans ses Tableaux. De toutes les
marines, c'est celle dans laquelle on admire avec
raison les eaux les plus brillantes.

Cette pièce peut être regardée comme le chef-d'œuvre de Balechou, et n'a peut-être pas de pendant
parmi les autres gravures de ce Maître.

144 *Portrait du Roi de Pologne.* Epreuve avant la
lettre.

Frédéric Auguste II *, électeur de Saxe, né en
1696; roi de Pologne en 1735.

Malgré les guerres malheureuses que ce Prince eut
à soutenir contre Frédéric, roi de Prusse, son goût
pour les Arts lui fit continuer le projet qu'avait eu le
Roi son père, Frédéric Auguste I.ᵉʳ, de publier les
Tableaux qu'il avait réunis à Dresde dans sa galerie.
A la tête du tome I.ᵉʳ de ce bel ouvrage, il voulut
faire placer son portrait en pied, peint, en 1715, par
Rigaud, pendant son voyage à Paris. On s'adressa à
Balechou, dont les talens étaient connus, et qui fit un
chef-d'œuvre digne de l'artiste et du Prince. Il avait
été convenu que le graveur livrerait la planche sans
en conserver d'épreuve; mais Balechou en fit tirer
quelques-unes avant la lettre et il eut la faiblesse
d'en vendre une. L'ambassadeur de Saxe ayant eu

---

* Nous avons adopté cette denomination, parce que c'est ainsi qu'il est
désigné dans *l'Art de vérifier les Dates* : quoique l'inscription qui se
trouve au bas de l'estampe porte : Auguste III.

connaissance de ce manque de foi, porta plainte
contre Balechou ; la police fit chez lui une recherche
à la suite de laquelle les épreuves qu'on trouva dans
ses porte-feuilles furent lacérées, et l'Académie de
peinture crut devoir rayer de son tableau l'artiste
coupable. De pareils larcins ont été commis depuis,
et n'ont pas été punis par de semblables rigueurs.

L'épreuve qui n'était plus dans la possession de
Balechou, resta long-temps à Paris, dans le cabinet
de M. Daudet, qui s'en défit en 1794. C'est en 1806
que la Bibliothèque en fit l'acquisition ; on peut assu-
rer qu'elle est la seule épreuve intacte avant la lettre :
il a pourtant passé dans le commerce trois épreuves
que l'on a dit aussi avant la lettre ; mais elles avaient
été restaurées avec soin, et faisaient beaucoup
douter de leur authenticité, ainsi qu'il a été possible
de s'en convaincre avec des yeux exercés, et en les
comparant avec celle-ci, qui ne laisse rien à désirer
pour la fraîcheur, ni pour la conservation.

ROBERT STRANGE, né dans l'une des Orcades,
en 1723 ; mort à Londres, en 1795.

145 *Portrait de Charles I.ᵉʳ* Epreuve avant la lettre.

Charles I.ᵉʳ, Roi d'Angleterre, né en 1600, épousa
Henriette de France, fille de Henri IV ; son règne,
orageux dès son avénement à la couronne, se termina
par une catastrophe affreuse, qui fait voir que les
peuples policés ne sont pas toujours exempts de
barbarie.

Ce Portrait, gravé d'après un Tableau de Van Dyck,
représente le monarque en habit de chasse, accompagné d'un page qui tient son cheval.

Après la mort de Charles I.ᵉʳ, tous ses meubles
ayant été vendus à l'encan par ordre de Cromwell,

ce tableau passa dans le commerce et fit partie de la collection du marquis de Lassay. Il fut acheté vingt-quatre mille francs à cette vente par ordre de Madame Du Barry, qui en fit cadeau à Louis XV; et il fut placé dans les appartemens de Versailles, où il resta jusqu'à la révolution.

FRANÇOIS BARTOLOZZI, né en 1728 à Florence; mort à Lisbonne en 1813.

146 *La Femme adultère.* Epreuve avant la lettre.

Une Femme surprise en adultère est amenée devant Jésus-Christ : ses accusateurs voulaient voir comment il pourrait ne pas la condamner à être lapidée, puisque c'était ordonné par la loi de Moyse; le Fils de Dieu, pour ne pas être en contradiction avec la loi des Juifs, écrivit par terre : « *Que celui de vous qui est sans péché lui jette la première pierre* ».

Cette pièce, gravée au burin d'après Augustin Carrache, est très-recherchée : le tableau se voit au palais Zampieri à Bologne.

Bartolozzi s'est fait remarquer par le grand nombre de ses productions et par les différens genres de gravures qu'il a cultivés avec succès; il a joui en Angleterre d'une grande réputation que lui avaient acquise ses gravures au pointillé : ce genre est maintenant presqu'oublié; mais il a gravé au burin plusieurs grands portraits et des sujets historiques qui le placent parmi les premiers graveurs du dernier siècle. A quatre-vingts ans, il a fait, pour la collection du Musée français publiée par Robillard, le Massacre des Innocens, d'après le Guide; et cette pièce ne se sent aucunement de l'âge avancé de l'auteur.

Son œuvre passe le nombre de 1200 planches, dont beaucoup sont des vignettes, des billets de bal, et d'autres sujets peu importans.

147 *Clytie et l'Amour.* Epreuve avant la lettre.

Clytie, toujours éprise du Dieu de la lumière, et blessée de ce qu'il l'avait abandonnée pour Leucothoé, voulut s'en venger en faisant connaître à Orchamc, roi des Achæméniens, la faiblesse de sa fille; cette vengeance ne lui réussit pas, puisque étant cause de la mort de sa rivale, Apollon s'éloigna d'elle encore davantage.

Carrache, dans ce tableau, nous a représenté Clytie caractérisée par la fleur de Tournesol qu'elle tient à la main; l'aiguillon de la jalousie, dont elle est armée, repousse l'Amour, qui témoigne la douleur que cette passion fait toujours ressentir.

148 *Diplôme de l'Académie des Beaux-Arts.*

L'Académie des Beaux-Arts de Londres ayant voulu donner à ses membres un diplôme digne d'elle, chargea Cipriani d'en faire un dessin qui a été gravé par Bartolozzi.

Le médaillon offre Minerve distribuant des récompenses aux différens Arts.

RICHARD EARLOM, né à Londres, vers 1728; mort vers 1790.

149 *Abisag présentée à David.* Epreuve avant la lettre.

David, étant devenu vieux, éprouvait un froid tel que rien ne pouvait l'en garantir; « ses serviteurs pensèrent à lui donner une jeune fille, afin que, dormant avec lui, elle le réchauffât » : ils cherchèrent donc dans tout le pays d'Israël une fille jeune et belle; ayant trouvé Abisag, de la ville de Sunam, ils l'amenèrent au Roi.

Le tableau original a appartenu au comte d'Ox-
ford, fils de sir Robert Walpole; il a passé depuis
dans la collection impériale de Pétersbourg.

Ce sujet, peint par Vander Werf, avec toute la
grâce et le fini que ce Maître donnait à ses Tableaux,
est très-bien rendu par la manière de graver, en
mezzotinte, qui exprime parfaitement le velouté et
la fraîcheur des chairs.

150 *Vue Intérieure d'une Forge*. Epreuve avant
la lettre.

Wright, Peintre anglais, a représenté, dans ce
tableau, l'intérieur d'une de ces grandes forges de
fer, dont le marteau est mis en mouvement au
moyen de l'eau, ou maintenant d'une machine à
vapeur : l'occupation des ouvriers n'est autre que
celle de présenter le fer et de le retourner sur l'enclume, de manière à ce qu'il reçoive le coup à la
place convenable, pour que la barre soit bien forgée.

L'un des ouvriers profite d'un moment de repos,
et regarde avec attendrissement sa femme et un
petit enfant qu'elle tient dans ses bras.

Cette scène familière n'est éclairée que par l'é-
norme morceau de fer rouge qui est sur l'enclume :
la *mezzotinte* rend parfaitement bien ces effets de
lumière ; mais les premières épreuves seulement
sont brillantes.

151 *Vase de Fleurs*. Epreuve avant la lettre.

Un vase rempli de fleurs est posé sur une table, où
l'on voit aussi un nid d'oiseau et une très-belle rose.

Si la gravure en *mezzotinte* est regardée par quelques personnes comme un genre peu digne d'être
exercé, elle mérite assurément quelque attention lorsqu'elle est exécutée avec la perfection qu'a su lui

donner Richard Farlom. Cet habile artiste, qui
s'est élevé au-dessus de tous ses compatriotes, a gravé
plusieurs sujets historiques fort recherchés ; il a aussi
publié un grand nombre de portraits dont plusieurs sont
très-estimés. Ce genre de gravure, auquel on peut repro-
cher principalement de manquer de fermeté, et de ne
pouvoir dessiner avec précision les contours, semble
être destiné à rendre parfaitement le velouté des fleurs ;
aussi cette estampe, gravée d'après un tableau de Van
Huysum, est-elle justement recherchée.

152 *Groupe de Fruits et Fleurs.* Epreuve avant
la lettre.

Du raisin et des fruits posés sur une table aupré
d'un vase dans lequel on voit quelques fleurs : composition gracieuse, gravée d'après un tableau de
Van Huysum, et qui sert de pendant au vase de fleurs
dont nous venons de parler.

Ces deux pièces eurent un si grand succès que les
planches furent bientôt usées : le Graveur les recom-
mença ; mais dans sa copie il resta inférieur à lui-
même.

GUILLAUME PETHER, né en Angleterre, vers
1730 ; mort à Londres vers 1800. Epreuve
avant la lettre.

153 *L'Alchimiste.*

Au milieu d'un laboratoire, dans lequel un vieillard s'occupe de travaux chimiques, on voit un
fourneau et une cornue, dans laquelle s'opère une
combustion et une détonation si extraordinaire,
qu'elle surprend celui même qui suivait l'opération.

Il est impossible de mieux représenter tous les
détails de l'effet d'une lumière vive. Le tableau original est de J. Josué Wright.

JACQUES SCHMUTZER, né à Vienne, en 1733;
mort vers 1810.

154 *Saint Ambroise refusant l'entrée de l'Eglise à
l'Empereur Théodose-le-Grand.* Epreuve
avant la lettre.

Dans une sédition qui éclata en 390, le gouverneur de Thessalonique, capitale de la Macédoine,
ayant été tué, l'empereur Théodose envoya un de
ses officiers pour rétablir le calme ; mais le tumulte
augmentant, on massacra le lieutenant de l'Empereur, qui, en apprenant cette nouvelle, ordonna
de passer au fil de l'épée les habitans de la ville au
nombre de 7000. Saint Ambroise, archevêque de Milan, instruit de cette vengeance, mit l'Empereur en
pénitence publique, et lui refusa l'entrée de l'Eglise.
    Cet acte d'atrocité est d'autant plus extraordinaire
de la part de ce Prince, qu'il s'était fait remarquer
par sa magnanimité et sa douceur, lors d'une conju-
ration formée contre lui cinq ans auparavant. Il avait
alors poussé la générosité jusqu'à défendre de citer en
justice ceux qui, sans être complices, en avaient eu
connaissance et ne l'avaient pas découverte; et après la
condamnation des conjurés, il leur envoya leur grâce
au moment où on les conduisait au supplice.
    Cette pièce, gravée d'après Rubens, est d'un burin
large et hardi; cependant elle fait voir qu'il ne suffit
pas seulement de bien couper le cuivre, pour faire de
bonnes gravures. Schmutzer, élève de Wille, fait
honneur à son Maître ; mais malgré le talent qu'il a
déployé, on ne peut se dispenser de dire qu'en
imitant sa manière, il a aussi imité et même outre-
passé ses défauts.

GUILLAUME WOOLLET, né en 1735, à Maidstone
en Angleterre ; mort à Londres en 1785.

255 *La Mort de Wolff.* Epreuve avant la lettre.

Le Général Wolff, commandant en chef des trou-
pes anglaises dans les guerres du Canada, fut tué
à la bataille de Québec, en 1759. Le Roi lui fit élever
un tombeau dans l'église de Westminster ; mais ce
qui a le plus contribué à immortaliser le nom de ce
général, c'est la gravure publiée en 1776, d'après
le tableau de West, qui représente Wolff mourant
au moment où un officier vient annoncer le gain de
la bataille.

Woollet a gravé peu de sujets historiques, mais il
a montré qu'il pouvait également traiter l'histoire ;
cependant sa grande réputation est comme Graveur
de paysage : il l'emporte sur tous ses concurrens,
et s'il a imité Vivarès dans son feuillé, et Balechou
dans ses eaux, il a perfectionné la manière de l'un et
celle de l'autre. Il est impossible de mieux distinguer
qu'il ne l'a fait les diverses espèces d'arbres, et de
donner à ses lointains le vaporeux si difficile à conserver dans la gravure.

256 *Bataille de la Hogue.* Epreuve avant la lettre.

Cette célèbre bataille, qui eut lieu le 29 Mai 1692,
à la Hogue près Cherbourg, entre la flotte française
et les flottes réunies de l'Angleterre et de la Hollande, fit autant d'honneur à Tourville que celles
qu'il avait gagnées précédemment, puisqu'il sut
tenir la mer pendant toute la journée avec 50 vaisseaux contre 88, et que sa retraite seule donna aux
Anglais le droit de se dire victorieux.

157 *Phaëton.* Epreuve avant la lettre.

Dans un riche paysage, représentant un site d'Italie, au Soleil couchant, Richard Wilson a supposé Phaëton venant supplier le Dieu du jour de lui laisser conduire le char du Soleil. Ses trois sœurs les Héliades semblent déjà s'affliger et prévoir le chagrin que leur causera la mort de ce jeune présomptueux.

Le Tableau original est dans la Collection du duc de Bridgewater : il n'y a eu que très-peu d'épreuves avant la lettre.

158 *Niobé.*

Ce Paysage, peint par Richard Wilson, est dans la collection du duc de Cumberland. L'auteur a représenté Apollon et Diane cherchant à faire périr les enfans de Niobé, afin de punir cette malheureuse mère, d'avoir osé croire que sa fécondité lui donnait la supériorité sur Latone.

On ne connaît que deux épreuves avant la lettre.

159 *Campagne de Cicéron.* Epreuve avant la lettre.

Ce beau paysage, gravé d'après Richard Wilson, représente un des sites les plus agréables de l'Italie ; il offre à l'imagination de délicieux souvenirs. L'auteur nous fait voir Cicéron parcourant cette vaste campagne de Tusculum, qu'il préférait à toutes les autres, et dans laquelle il avait fait construire des salles et des galeries, à l'imitation des écoles et des portiques d'Athènes ; il leur avait donné les noms attiques de Gymnase et d'Académie, les avait décorées d'un grand nombre de statues et de monumens qu'Atticus, son ami, s'était empressé de lui procurer pendant sa résidence à Athènes.

C'était à douze milles de Rome, sur le sommet

d'une colline, dont la vue embrassait toute la campagne voisine, que Cicéron allait se délasser de la fatigue des affaires et du tumulte de la ville.

La maison de campagne de Cicéron avait appartenu à Sylla : c'est aujourd'hui le couvent de *Grotta Ferrata.*

160 *La Solitude.*

La campagne de Cicéron nous représente un paysage ouvert, un site d'une immense étendue, dans lequel on admire à-la-fois les beautés de la nature et celles des Arts; où l'on aperçoit l'homme en société. Dans celui-ci, au contraire, le Peintre nous montre un endroit couvert, où la vue ne peut s'étendre, et qui ne peut servir de retraite qu'à l'homme mélancolique, toujours triste et envieux lorsqu'il voit le bonheur de ses semblables.

161 *Chien de Chasse.*

Au milieu d'une campagne découverte, on voit un Chien d'arrêt, gravé d'après George Stubbs, en 1768. Il est impossible de ne pas admirer la justesse d'expression dans la démarche et dans la manière de flairer de ce chien de chasse.

Le tableau original se trouve à Westpark, chez sir Eyre Coot.

Les épreuves avant la lettre ne sont pas communes.

VALENTIN GREEN, né à Londres en 1737 ; mort vers 1800.

162 *Héli et Samuël.* Epreuve avant la lettre.

Samuël, fils d'un simple lévite, avait été consacré à Dieu par ses parens, et il était élevé par le grand-prêtre Héli, dans le temple du Seigneur.

Tandis que Samuël était endormi, Dieu fit entendre sa voix, en disant : *Samuël ! Samuël !* L'enfant se leva, et venant trouver Héli, lui dit : *Me voici, car vous m'avez appelé* ; mais le grand-prêtre connaissant que c'était la voix de Dieu qui s'était fait entendre, dit à Samuël : *Allez et dormez ; si le Seigneur vous appelle encore, répondez : Parlez, Seigneur, parce que votre serviteur vous écoute.*

Cette scène, représentée avec la majesté et la simplicité qu'elle doit avoir, fait également honneur au pinceau de Copley et au talent de Valentin Green, qui, avec Richard Earlom, partage la palme de la gravure en *mezzotinte.*

163 *Mort de Saint Etienne.*

Les Apôtres ayant demandé aux disciples de désigner sept d'entre eux pour les aider dans la distribution des charités qu'ils faisaient aux fidèles, ils imposèrent les mains, et appelèrent l'Esprit-Saint sur les sept diacres. Etienne, l'un d'eux, se distingua par son zèle et par ses discours, de manière à éveiller l'envie : des Juifs l'accusèrent d'avoir blasphêmé, et le traînèrent hors de la ville pour le lapider ; mais après son supplice, quelques hommes craignant Dieu prirent soin d'ensevelir Etienne, et firent ses funérailles.

Ce Sujet, tiré des actes des Apôtres, est gravé d'après Benjamin West : le Tableau original est dans l'église de Saint-Etienne Walbroock.

JEAN VOLPATO, né à Bassano, vers 1738 ; mort à Rome, vers 1800.

164 *L'École d'Athènes.*

Bramante, Architecte du Pape Jules II, ayant présenté à ce pontife le jeune Raphaël son parent, le Pape ordonna au jeune Artiste de peindre dans une des salles du Vatican deux sujets, dont l'un, connu sous le nom de *Dispute du Saint-Sacrement*, représente les docteurs de l'Eglise discutant sur la présence réelle de Jésus-Christ, dans le sacrement de l'Eucharistie ; et l'autre, nommé *l'École d'Athènes*, représente les grands hommes de l'antiquité, dissertant sur les sciences humaines.

La scène se passe dans un des bâtimens de l'Académie : on voit, à gauche, Pythagore assis au milieu de ses écoliers, écrivant ses principes de philosophie ; à droite, Archimède, le compas à la main, est occupé à démontrer un problême de géométrie ; auprès de lui sont deux vieillards qui paraissent faire des démonstrations sur la sphère, et semblent être des astronomes chaldéens ; Diogène se distingue par la négligence dans ses habits et par son éloignement de tout le monde ; Platon et Aristote, tous deux un livre à la main, occupent le milieu du tableau, et sont entourés d'un groupe nombreux d'élèves et de philosophes, parmi lesquels on distingue Socrate parlant avec Alcibiade.

Ce tableau, le second que Raphaël ait exécuté dans le Vatican, démontre jusqu'à quel point son génie pouvait s'élever, puisque tout est admirable dans cette vaste et magnifique composition.

165 *Le Char de l'Aurore.* Epreuve avant la lettre.

Cette composition, qui fait honneur à François Barbieri, dit le Guerchin, est souvent placée en pendant avec le même sujet, gravé par Morghen d'après Guido Reni ; mais elle ne peut soutenir avantageusement la comparaison, ni pour le pinceau ni pour le burin.

La peinture originale se trouve dans la voûte d'une des salles de la villa Ludovisi, bâtie par le Cardinal Ludovisi, neveu du Pape Grégoire XV : elle est située sur le mont Pincius près de Rome, à l'endroit où étaient autrefois les jardins de Salluste.

166 *Les Vertus cardinales.*

Ce tableau allégorique est un de ceux que Raphaël a peints dans la chambre de la signature, au Vatican : il est placé au-dessus d'une des fenêtres, et au-dessous de la partie du plafond où est la figure allégorique de la Jurisprudence. Par ce rapprochement, le Peintre a voulu faire voir que la Prudence, la Tempérance et la Force doivent toujours accompagner la Justice.

167, 168, 169, 170, 171. *Arabesques du Vatican.*

Dans l'immense palais du Vatican, une longue galerie, décorée de 52 fresques peintes dans les voûtes par Raphaël, est aussi ornée d'arabesques dans les embrâsures de chaque fenêtre : la variété de ces compositions, leur élégance et leur richesse les ont fait regarder comme une preuve du génie extraordinaire et inépuisable de Raphaël. On lui doit l'invention de ces arabesques, qui ont été peintes sous sa direction par *il Fattore* et plusieurs autres de ses élèves.

Volpato, chargé de graver tous les ouvrages de Raphaël qui décorent le palais du Vatican, voulut encore donner une idée plus exacte de ces ornemens, dont la couleur fait un des principaux charmes ; il les fit colorier avec soin, et a sauvé ainsi de la destruction du temps, des peintures qui, en partie exposées aux injures de l'air, se détériorent sensiblement.

Volpato, indépendamment de ses nombreux

travaux, a encore eu la gloire d'être le maître de
Raphaël Morghen.

CHARLES PORPORATI, né en 1740, à Turin, où il
mourut en 1810.

172 *Susanne au bain.* Epreuve avant la lettre.

> Susanne épiée par deux vieillards, tandis qu'elle se
> baigne dans une salle construite au milieu d'un jar-
> din : tableau peint par Santerre, pour sa récep-
> tion en 1704 à l'Académie de Peinture de Paris ;
> le Graveur en a fait, en 1773, son sujet de récep-
> tion dans la même Académie.
>
> L'agrément du burin et la grâce du sujet ont fait
> rechercher avec empressement cette pièce, qui n'est
> pas commune avant la lettre.
>
> Porporati, né dans un siècle où le mauvais goût
> du dessin était général, n'a pu se défendre de la
> fâcheuse impulsion donnée alors aux Arts ; mais
> comme Graveur, il est recommandable par la pureté
> et la douceur de son burin.

173 *La Mort d'Abel.* Epreuve avant la lettre.

> Il convenait à Porporati, dont le burin est si doux,
> de travailler d'après Vander Werf, Peintre hollan-
> dais, qui s'est particulièrement distingué par un fini
> précieux.
>
> Le tableau original fut peint pour l'Electeur Palatin
> Joseph-Guillaume ; il a été long-temps l'un des orne-
> mens de la célèbre galerie de Dusseldorf.

MAURICE BLOT, né à Paris, vers 1745 ; mort
en 1818.

174 *Les Bergers d'Arcadie.* Epreuve avant la lettre.

> Cette Estampe, gravée d'après un des plus beaux

tableaux du Poussin, est une allégorie dans laquelle le Peintre a représenté les souvenirs de la mort, au milieu des prospérités de la vie. Un berger à genoux montre un tombeau sur lequel on lit : *et in Arcadia ego*. De même que les Poëtes ont cité l'âge d'or comme le temps le plus heureux, ils ont parlé de l'Arcadie comme du pays le plus délicieux; mais le séjour dans cette terre de félicité n'a pu sauver du trépas celui pour lequel on a élevé ce tombeau. Cette idée de la mort, au sein même des plaisirs, paraît affecter les divers personnages de cette scène, et suspendre la joie si naturelle à la jeunesse.

Blot, élève de Saint-Aubin, s'est fait connaître avantageusement par plusieurs gravures dans les Galeries de Florence, du Palais-Royal et du Musée.

GUILLAUME SHARP, né en 1746, à Londres.

175 *Les quatre Pères de l'Eglise.* Epreuve avant la lettre.

Guido Reni, dans cette belle et sage composition, a représenté les quatre Pères de l'Église, Saint Jérôme, Saint Grégoire, Saint Augustin et Saint Chrysostôme, réunis et discutant sur l'immaculée conception de la Vierge.

Cette pièce est une des premières par lesquelles Sharp se soit fait connaître d'une manière avantageuse, et qui fait honneur à Bartolozzi dont il est élève.

176 *Sortie de la Garnison de Gibraltar.*

Lors de la guerre qui eut lieu pour l'affranchissement des Etats-Unis, la France, voulant ôter à l'Angleterre une position formidable à l'entrée de la Méditerranée, forma le siège de Gilbraltar : l'expédition était commandée par Monsieur, Comte d'Artois.

JEAN-GOTHARD-V. MULLER, Graveur, né en 1747, à Berhausen dans le royaume de Wurtemberg.

177 *Sainte Famille*, dite *la Vierge à la Chaise*. Epreuve avant toutes lettres.

Cette charmante composition de Raphaël présente la Vierge assise tenant l'Enfant-Jésus dans ses bras et le serrant contre son sein; près d'elle est Saint Jean-Baptiste joignant les mains en signe d'adoration. Muller, en la gravant d'après le dessin qu'en avait fait M. Dutertre à Florence, a su conserver tout le mérite de l'original, et s'est mis ainsi au rang le plus élevé des Graveurs modernes. On admire dans sa gravure la beauté du burin, sans y trouver ces tailles dont la disposition singulière et l'arrangement hardi sont plutôt des difficultés vaincues qu'une perfection de l'art.

Cette gravure fait partie du Musée publié par MM. Robillard-Péronville et Laurent; les épreuves avant la lettre sont fort recherchées, et ne se rencontrent pas souvent séparées de la collection.

Sadeler, Van-Schuppen, Bartolozzi et Morghen avaient déjà gravé ce tableau, que l'on a vu au Musée de Paris, et qui est maintenant à Florence au palais Pitti⁻

178 *Sainte Cécile*. Epreuve avant la lettre.

Sainte Cécile, vue à mi-corps, chante les louanges du Seigneur et s'accompagne de la basse; un Ange debout devant elle tient ouvert son livre de musique. Cette pièce, gravée d'après Dominique Zam-

pieri, fait partie du Musée français publié par
MM. Robillard-Péronville et Laurent.

RAPHAEL URBAIN MASSARD, né en 1775 à
Paris, où il travaille en 1823.

179 *Sainte Cécile.* Épreuve avant la lettre. *Voy.*
n.º 32.

Sainte Cécile, Saint Paul, Saint Augustin, Saint
Jean et Sainte Magdeleine réunis pour chanter les
louanges de Dieu, et interrompant leur chant pour
écouter un concert céleste.

Ce tableau, qu'on a vu au Muséum de Paris, a
été peint par Raphaël en 1513, pour le Cardinal
Laurent Pucci, qui le fit placer dans l'église de Saint-
Jean *in monte* à Bologne. On peut trouver extraordinaire de voir cinq figures à côté l'une de l'autre,
toutes debout et sans aucun rapport entre elles : il
est probable que Raphaël, maître de sa composition, ne l'eût pas disposée ainsi ; mais on sait que,
de son temps, ceux qui commandaient un tableau,
indiquaient souvent au Peintre non-seulement le
nombre de figures qu'ils voulaient y voir, mais aussi
le nom des personnages, et encore quelquefois la
position qu'ils désiraient qu'on leur donnât : il ne
restait plus au Peintre que le dessin, la couleur et
l'expression pour faire valoir son talent.

180 *Sépulture d'Atala.* Épreuve avant la lettre.

Atala à demi enveloppée d'un linceul, est près de
disparaître de dessus la terre : « elle paraît (suivant
l'expression de M. de Châteaubriand), elle paraît
enchantée par l'Ange de la mélancolie et par le
double sommeil de l'innocence et de la tombe ». Le
père Aubry, animé par des sentimens religieux, la
soutient par le haut du corps, tandis que Chactas,

tenant ses jambes embrassées, semble, au milieu de
son extrême affliction, trouver encore quelque adou-
cissement à retenir celle qu'il ne doit plus revoir
que dans l'éternité.

On doit savoir gré à M. Massard d'avoir choisi un
si beau tableau et de mettre entre les mains de tout
le monde cette belle composition, que l'on doit au
talent de M. Girodet-Trioson. L'auteur du tableau
doit aussi être satisfait de ce qu'en le copiant le
graveur ait su rendre si parfaitement les expressions,
le clair-obscur et le sentiment exquis de ce tableau,
qui parut au salon de 1808 et qui se voit maintenant
dans la Galerie du Luxembourg.

JEAN-GUILLAUME BARVEZ, connu sous le nom
de BERVIC, né en 1756, à Paris, où il
mourut en 1822.

181 *Statue de Laocoon.* Epreuve avec le nom du
Graveur, tracée à la pointe sèche.

Fils de Priam et prêtre d'Apollon, Laocoon, par
amour pour sa patrie, s'était opposé à l'entrée dans
Troie, du cheval de bois qui renfermait les Grecs
armés pour la ruine de cette illustre cité. Dans l'espoir
de dessiller les yeux de ses concitoyens, il avait osé
lancer un dard contre la fatale machine : irrités de sa
témérité, les Dieux ennemis de Troie résolurent de
l'en punir.

Peu d'instans après, lorsque, sur le rivage de la mer,
Laocoon sacrifiait à Neptune, deux énormes Serpens
s'élancent sur lui et sur ses deux enfans : malgré les
efforts qu'il fait pour se dégager, il est enveloppé ainsi
que ses fils, et tournant vers le ciel des regards dou-
loureux, il expire dans les plus cruelles angoisses.

Tel est le sujet de cet admirable groupe, chef-d'œuvre de composition, de dessin et de sentiment, l'un des plus parfaits ouvrages de la sculpture ancienne, ainsi que cette gravure est une de celles qui font le plus d'honneur à son auteur et à la France.

Ce groupe a été trouvé, en 1506, dans les ruines du palais de Titus, sur le mont Esquilin, à Rome; c'est là où l'avait vu Pline, à qui l'on doit la connaissance des trois habiles Sculpteurs qui ont travaillé à ce chef-d'œuvre : ils se nommaient Agésandre, Polydore et Athénodore.

182 *Enlèvement de Déjanire.* Epreuve avant la lettre.

Hercule revenant avec Déjanire, qu'il venait d'épouser, la confia au Centaure Nessus pour lui faire traverser le fleuve Evène qui était débordé. Le Centaure, ivre d'amour, et voyant Hercule à l'autre bord, voulut enlever la femme de son ami; mais le héros, outré d'une telle perfidie, lui décocha une flèche qui lui fit une blessure mortelle.

Le Guide a bien rendu toutes les expressions qui doivent agiter ces personnages. Le Centaure abordant au rivage, croit déjà jouir du bonheur qu'il désire; l'amour, la joie et le plaisir sont peints dans ses yeux. Déjanire a pénétré son dessein; la crainte du danger lui fait regretter de ne plus être auprès d'Hercule, qu'elle semble appeler à son secours. Tant de beautés dans l'expression doivent empêcher de remarquer que les draperies sont un peu lourdes et manquent de goût.

Ce tableau est un des quatre représentant les travaux d'Hercule, peints à Bologne pour le duc de Mantoue, qui les vendit à Charles I.ᵉʳ, Roi d'Angleterre : après la mort de ce monarque, ils furent achetés par Louis XIV.

183 *L'Education d'Achille.* Epreuve avant la lettre.

Achille, fils de Thétis et de Pélée, fut confié par
son père au Centaure Chiron, afin de recevoir une
éducation digne d'un héros. Le Centaure le nour-
rissait de cœurs de Lions, et de moëlle de Tigres,
d'Ours, de Sangliers et d'autres bêtes sauvages : il
l'instruisit dans la musique et la médecine. L'auteur,
M. Regnaud, a représenté Achille apprenant à tirer
de l'arc. Ce tableau fait honneur à l'Ecole française, et il est heureux pour un Peintre que son
tableau soit copié par un aussi habile Graveur.

184 *Portrait en pied de Louis XVI.* Epreuve
avant la bordure.

Ce Portrait, gravé d'après Callet, est remarquable
par la beauté et la vigueur de son exécution; l'un
des premiers travaux de l'auteur, il l'a fait connaître de la manière la plus avantageuse.

Louis XVI, né en 1754, monta sur le trône en
1773, et régna jusqu'en 1793.

Les épreuves avant la lettre sont devenues rares,
plusieurs ayant été déchirées en 1793 : on ne connaît que deux épreuves avant la bordure terminée;
celle-ci et une autre qui a été déchirée par le milieu.

RAPHAEL MORGHEN, né à Naples vers 1760;
vivant à Florence en 1818.

185 *La Transfiguration.* Epreuve avant la lettre
et avec le livre blanc.

L'Evangile nous apprend que Jésus-Christ ayant
emmené les disciples Pierre, Jacques et Jean sur une
haute montagne, que l'on croit être le mont Thabor,

à six lieues de Nazareth, « il se transfigura à leurs
yeux; son visage devint brillant comme le Soleil, et
ses vêtemens éclatans comme la neige; en-même-
temps ils virent paraître Moyse et Elie qui s'entre-
tenaient avec lui ».

Pendant que cette scène miraculeuse avait lieu sur
le haut de la montagne, on présentait aux autres
disciples restés en bas, un enfant possédé du démon
et qui éprouve d'horribles convulsions dont ils ne
peuvent le délivrer; quelques-uns des apôtres paraissent indiquer que J.-C. seul pourra opérer cette guérison. Les deux diacres que l'on voit à genoux, à gauche, sur le penchant de la montagne, sont, suivant
quelques personnes, Saint Etienne et Saint Laurent;
suivant d'autres, les neveux du cardinal Jules de Médi-
cis, archevêque de Narbonne, qui avait commandé ce
sujet à Raphaël pour orner son église. La France, à
qui ce tableau avait été destiné, l'a possédé pendant
vingt ans : elle en est privée.

Raphaël a suivi un usage que l'on rencontre fréquemment chez les anciens Peintres, celui de représenter
dans le même tableau deux scènes différentes, ce
qui est absolument interdit maintenant. Si le respect empêche de parler d'un défaut dans l'ouvrage
d'un grand Maître, peut-il être permis d'en trouver
un dans le chef-d'œuvre et le dernier tableau de
Raphaël? Le Graveur s'est également distingué en
offrant une copie bien dessinée et d'une proportion
assez grande pour pouvoir rendre avec justesse les
expressions des têtes.

Il existe plusieurs gravures de ce beau tableau : les
principales sont celles de Marc-Antoine, Corneille
Cort, Simon Thomassin, Nicolas Dorigny et
Girardet.

186 *La Cène.* Epreuve avant la virgule.

Ce tableau a été peint par Léonard de Vinci, dans le réfectoire des Dominicains de Milan. S'il fait admirer la douceur et la beauté du burin de l'un des plus habiles graveurs modernes, il montre également la fécondité du Peintre, qui a donné une physionomie et surtout un caractère varié à chacun des Apôtres, au moment où ils entendent dire à leur divin maître : *L'un de vous me trahira*, et Judas répondre : *Serait-ce moi, Seigneur ?*

Cette admirable production a placé Léonard au rang des premiers génies de la peinture ; mais altéré depuis long-temps, ce chef-dœuvre ne laissera un jour que des restes difficiles à apercevoir : la gravure de Morghen fera revivre alors le Peintre florentin ; et ses ouvrages fussent-ils tous effacés, cette Estampe seule suffira pour perpétuer la réputation d'un des plus savans Peintres.

187 *Saint Jean-Baptiste.* Epreuve avant la lettre.

Saint Jean-Baptiste, assis sur un rocher au milieu du désert, est entouré d'une multitude de personnes venues pour l'entendre.

Cette gravure est faite d'après un tableau de Guido Reni. Le Peintre semble avoir voulu représenter le précurseur de J.-C. au moment où il dit : *Je suis la voix de celui qui crie dans le désert ; rendez droite la voie du Seigneur.*

188 *Repos en Egypte.* Epreuve avant la lettre.

Pour éviter la persécution d'Hérode, Saint Joseph fut averti en songe de quitter Nazareth et d'aller en Egypte. Pendant un moment de repos dans le voyage, on voit la Vierge assise, tenant sur ses genoux l'Enfant-Jésus à qui les Anges offrent du lait

et du miel ; deux autres dans les airs répandent des
fleurs sur lui ; à côté, est Saint Joseph endormi.
et dans le fond, à gauche, on aperçoit l'Ane encore
chargé de leur bagage.

189 *Le Temps faisant danser les Saisons.* Epr.
avant la lettre.

La dénomination de ce tableau ne paraît pas lui
convenir, et c'est plutôt une allégorie de la vie humaine, dans laquelle Nicolas Poussin a montré le
Temps jouant de la lyre et faisant danser quatre
femmes qui, sous la figure des saisons, représentent
les différens états de la vie humaine : *la Pauvreté*, *le
Travail*, *le Plaisir* et *la Richesse*. Ces femmes
dansent en rond et se donnent la main pour marquer
les changemens continuels qui arrivent dans la vie
et la fortune des hommes.

La Richesse a les cheveux tressés d'or et de perles ;
le Plaisir est couronné de fleurs ; la Pauvreté, vêtue
d'un habit délâbré, a la tête entourée de rameaux
dont les feuilles sont desséchées ; le Travail a les
épaules découvertes et des bras nerveux. Auprès du
Temps sont deux enfans dont l'un tient une horloge
de sable, et semble compter les instans de la vie ;
l'autre fait des bulles de savon, et démontre ainsi la
vanité et le néant de toutes les choses de ce monde.

190 *Angélique et Médor.* Epreuve avant la lettre.

L'honneur de l'Italie, Arioste, dans un poëme où
l'on trouve des scènes si gracieuses à rendre en peinture, a inspiré Th. Matteini lorsqu'il a représenté
Angélique et Médor ne pouvant se passer d'être
ensemble, se faisant un plaisir de tracer leurs noms
et leurs chiffres de mille manières différentes, sur
les arbres, sur les rochers, enfin dans tous les
endroits qu'ils habitaient.

Le burin doux et gracieux de Morghen a donné
tant de charmes à cette pièce, qu'elle a obtenu le
plus grand succès. Le prix des épreuves avant la
lettre a augmenté d'autant plus que l'auteur en a
racheté quelques-unes pour les détruire.

191 *L'Aurore.* Epreuve avant la lettre.

Cette célèbre composition du Guide est peinte
dans le plafond du Palais Rospigliosi, à Rome ; le Peintre a voulu, dans ce tableau, exprimer les différentes
heures qui, réunies, forment le *matin*. L'Aurore
répandant des fleurs, semble écarter le voile qui l'en-
veloppait, et paraît dans tout son éclat ; l'Amour,
une torche à la main, représente l'étoile du matin, si
brillante au lever du Soleil ; enfin, le Dieu du jour,
sur son char tiré par des chevaux fougueux qui chas-
sent les nuages devant eux, est accompagné de nymphes dont le nombre indique les jours de la semaine
et non les heures, comme quelques personnes
l'avaient pensé.

Raphaël Morghen, encore jeune, publia cette gravure, qui le fit connaître de la manière la plus avantageuse ; il a depuis exécuté un grand nombre d'Estampes, dont plusieurs peuvent être placées parmi les
chefs-d'œuvre modernes.

JEAN DE FREY, né à Amsterdam vers 1760 ;
vivant à Paris en 1823.

192 *Tobie recouvrant la vue.* Epreuve avant la
lettre.

Pendant la captivité des Juifs, Tobie, l'un d'eux,
qui avait toujours craint le Seigneur, tomba dans la
pauvreté ; étant devenu vieux et aveugle, Dieu envoya l'ange Raphaël pour le secourir. Sous la con-

duite de cet ange gardien, qu'il prenait pour un de ses compatriotes, le jeune Tobie fit un heureux voyage; puis étant revenu dans la maison paternelle, l'ange indiqua à Tobie le moyen de rendre la vue à son père, en lui frottant les yeux avec le fiel du poisson qui avait été près de le dévorer pendant son voyage.

Tobie donc ne connaissant point son conducteur, voulait lui donner une partie de son bien pour lui témoigner sa reconnaissance ; mais alors il lui dit : *Je suis l'ange Raphaël.* A ces paroles, ils furent tous troublés, et, saisis de frayeur, ils tombèrent le visage contre terre, et l'ange leur dit : *La paix soit avec vous ; ne craignez point; il est temps que je retourne vers celui qui m'a envoyé; pour vous, bénissez Dieu, et publiez toutes ses merveilles.* Alors il disparut de devant eux.

Le tableau original, peint par Rembrandt, se voit dans la Galerie du Musée, sous le n.º 529 : en le gravant, de Frey a donné une idée exacte de la couleur du maître; la manière dont il s'est servi n'est pas ordinaire, mais elle est rendue avec esprit : l'auteur de cette pièce, privé depuis long temps de l'usage de sa main droite, n'a rien perdu de son talent en se servant de l'autre main.

ETIENNE BEISSON, né à Aix vers 1760; vivant à Paris en 1823.

193 *Sainte Cécile.* Epreuve avant les noms d'Artiste.

Cette même composition se trouve décrite sous les n.ᵒˢ 32 et 179.

M. Beisson a fait cette planche pour la collection du Musée Robillard, dont elle est un des ornemens.

ALEXANDRE MOREL, né en 1765, à Paris, où il travaille en 1823.

194 *Le Serment des Horaces.* Epreuve avant la lettre.

Une discussion s'étant élevée entre les Romains et les Albains, sous le règne de Tullus Hostilius, l'an 669 avant J.-C., le général d'Albe craignant une bataille dont le sort lui paraissait incertain, et qui aurait affaibli même le peuple vainqueur, proposa de choisir trois combattans de chaque côté, en convenant que la victoire appartiendrait à celui des deux peuples, dont les champions resteraient victorieux.

M. David, d'après lequel cette pièce est gravée, a choisi le moment où le vieil Horace présente des armes à ses fils, et reçoit leur serment de se dévouer pour le salut de leur pays. Sabine et Camille sont appuyées sur leur mère, et semblent craindre les suites d'un combat, qui doit nécessairement causer des regrets à l'une d'elles, puisqu'elle avait ses frères d'un côté et son époux de l'autre.

Le tableau original se voit dans la Galerie de la Chambre des Pairs, au Luxembourg.

PIERRE AUDOUIN, né en 1768, à Paris, où il mourut en 1822.

195 *Une Nymphe endormie.* Epreuve avant la lettre.

Antoine Corrège, celui de tous les Peintres italiens qui ait su donner le plus de grâce à ses compositions, a presque toujours représenté des nymphes et des bergères de l'âge d'or. Son dessin manque de cor-

rection ; mais ce défaut est amplement racheté par d'autres qualités.

Le Graveur, par la douceur de son burin, a su bien rendre une partie du charme qu'on trouve dans le tableau original, l'un des plus beaux ornemens de la galerie du Musée.

RAPHAEL URBAIN MASSARD. *Voyez* n.° 179.

196 *Portrait de Louis XVIII.* Epreuve avant toutes lettres.

Ce portrait du Roi a été gravé d'après le tableau peint par M. Gérard, exposé au salon en 1814. Il a été gravé aux frais du Roi, et se trouve rarement dans le commerce.

JEAN GODEFROY , né vers 1770 ; travaille à Paris en 1823.

197 *Psyché et l'Amour.* Epreuve avant la lettre.

Le genre de gravure qu'a adopté l'auteur, est loin de rendre la pureté du dessin que l'on a admiré dans le tableau original de M. Gérard, et qui a fait l'un des ornemens du salon de l'an VI (1798). Il a été acheté depuis par le Roi, à la vente du général Rapp.

AUGUSTE BOUCHER-DESNOYERS , né vers 1780, travaille à Paris en 1823.

198 *Sainte Famille.* Epreuve avant la lettre.

Cette Estampe est connue sous le nom de la *Belle Jardinière*, sans doute à cause de la simplicité de l'habillement de la Vierge, qui est assise dans une campagne émaillée de fleurs.

Raphaël, toujours noble dans ses compositions, toujours sublime dans ses têtes de Vierge, a su donner à celle-ci une tendresse respectueuse qu'on peut admirer et qu'il serait difficile de décrire.

199 *Tête de Ptolémée II.* Epreuve avant les inscriptions.

Ptolémée II, Roi d'Egypte, auquel on donna le surnom de Philadelphe, à cause de l'amour qu'il eut pour Arsinoé sa sœur, dont il fit sa seconde femme, succéda à son frère Ptolémée Soter, l'an 248 avant J.-C. Le commencement du règne de ce Prince fut marqué par quelques actes de cruauté ; mais une fois affermi sur le trône, il se fit remarquer par ses vertus, sa clémence et son amour pour la paix. C'est à lui qu'on doit l'établissement du Musée d'Alexandrie, asile des gens de lettres, et la fondation de cette immense bibliothèque qui, dit-on, fut brûlée par ordre du Kalife Omar ; fait au-moins douteux, suivant ce que dit Jean Philopon dans un de ses commentaires sur Platon. C'est encore sous le règne de Ptolémée II, que se fit la version grecque de l'Ancien Testament, connue sous le nom de *la Septante.*

Le beau camée qui occupe le haut de cette planche, faisait partie de la collection de l'Impératrice Joséphine ; il avait appartenu à la Reine Christine de Suède : c'est une sardoine onyx à trois couches, de la même grandeur que la gravure, et d'un travail de la plus grande perfection ; il représente la tête de Ptolémée-Philadelphe accolée avec celle de sa première femme, qui se nommait aussi Arsinoé.

Les médailles sont celles des Ptolémées et de plusieurs Princesses du nom de Bérénice.

Cette planche fait partie de l'Iconographie grecque publiée par feu M. Visconti.

JOSEPH-THÉODORE RICHOMME, né en 1785, à Paris,
où il travaille en 1823.

200 *Neptune et Amphitrite.* Epr. avant la lettre.

Ce groupe, gravé d'après Jules-Romain, est une des
estampes publiées aux frais de la Société des Amis des
Arts. La manière dont il est gravé décèle un goût excellent, et fait naître les plus belles espérances pour les
productions que l'âge de l'Artiste donne le droit d'at-
tendre de lui.

201. *Triomphe de Galathée.* Epreuve avant la lettre.

Cette Estampe, faite d'après une fresque de
Raphaël, est une des meilleures gravures modernes,
et montre que l'auteur est dessinateur aussi correct
que graveur habile.

JEAN THOMPSON, né à   vers 1780,
travaille à Paris en 1823.

202 *Diplome pour l'Académie des Antiquaires
d'Ecosse;* gravé sur bois. Epreuve sur papier
de la Chine.

Dans un médaillon, soutenu par un guerrier et
un pêcheur écossais, on voit Minerve, assise, et
voulant par des récompenses perpétuer le souvenir des grands hommes et des grands ouvrages
qui ont illustré l'ancienne Calédonie.

Cette pièce a été gravée à Paris, d'après le dessin
de B. West; elle fait voir que l'Art de la gravure sur
bois, qui a été long-temps négligé et souvent repoussé,
comme ne pouvant jamais égaler la gravure sur cuivre,
mérite l'attention des amateurs, lorsqu'une main
habile veut bien s'y exercer.

AUBRY LECOMTE, né vers 1780, travaille à
Paris en 1823.

203 *Ariadne abandonnée.*

Après avoir inutilement regretté le départ de
Thésée, dont on aperçoit le vaisseau dans le lointain, Ariadne s'est endormie sur le rivage même de
l'île de Naxos, mollement couchée au pied d'un
arbre, et sans aucun voile; sa beauté est bien digne
de fixer l'attention du Dieu vainqueur de l'Inde.
Cette composition est de M. Girodet-Trioson.

204 *Erigone endormie.*

A l'ombre d'une Vigne chargée de fruits et mêlée
de Lierre, la bien-aimée de Bacchus est endormie et
paraît encore animée par le plaisir.

M. Aubry Lecomte, dessinateur de cette lithographie, a rendu avec un soin particulier la grâce et la
perfection qui distinguent les ouvrages de M. Girodet,
à qui l'on doit cette aimable composition.

Érigone, qui sert de pendant à l'Ariadne abandonnée, des mêmes auteurs, est ce qu'on peut montrer
jusqu'à ce jour de plus curieux et de plus parfait en
lithographie.

Maître inconnu.

205 *Portrait de Jean II, Roi de France.*

C'est au règne du Roi Jean, dit le *Bon*, mort en
1364, que remonte l'origine de la Bibliothèque; c'est
donc dans cet établissement mieux que dans tout autre,
qu'il était naturel de placer un portrait de ce Prince,
fait de son temps. Cette peinture est une espèce de
gouache ou de peinture à la colle. On a prétendu

devoir attribuer ce tableau à Jean de Bruges, qui était Peintre du Roi Charles V, dit *le Sage*.

La bordure a été faite, à ce qu'on croit, du temps de Louis XII; elle a été détériorée en 1793.

Maître inconnu.

206, 207 *Suite des Ducs de Bavière.*

Ce dessin, fait à la fin du XV.ᵉ siècle, représente la suite des Princes qui ont gouverné la Bavière depuis Norix Regenspurg et Bavarus jusqu'au comte Palatin Sigismond, qui vivait en 1465.

Les costumes sont assez variés, et représentent ces Princes suivant l'état qu'ils ont embrassé; les uns ayant été militaires, d'autres religieux, quelques-uns Empereurs, et d'autres Papes.

FIN.

TABLE ALPHABÉTIQUE

DES NOMS ET DES MATIÈRES.

〜〜〜〜〜〜〜〜〜〜〜

Le Chiffre indique le N.º d'ordre de l'Estampe , et non pas
celui de la page; les noms de PEINTRES et de GRAVEURS sont
en capitales, et les *dénominations triviales* en italique.

A

B

C

D

E

F

G

J

K

L

M

N

O

P

Q

R

T

V

W

FIN DE LA TABLE.

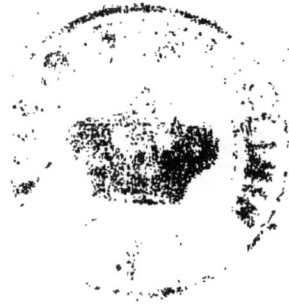

www.ingramcontent.com/pod-product-compliance
Lightning Source LLC
Chambersburg PA
CBHW070806290326
41931CB00011BA/2148